パリジェンヌ流人生の楽しみ方を学ぶ旅 2

両親に見せたい
とっておきのパリ案内

Guide touristique de Paris
«Ce que je veux montrer à mes parents»

旅のガイドはパリ好きな私
Le guide de mes parents, c'est moi! J'aime Paris.

PRESS PARIS

RIKUYOSHA

はじめに

もしあなたがパリ好きだったら、今度は大切な人を連れて行きたいと思わないだろうか。特にお父さん、お母さんが定年を迎え、時間的な余裕ができていたとしたら、それは親子旅行の最大のチャンス。あなたのお気に入りの風景を見せてあげよう。両親も、あなたを魅了している街を訪れたいと思っているに違いない。

本書は、シニア世代にも楽しんでもらうために、自ら両親を案内した経験があるパリに詳しいスタッフ達がアイデアを出し合って、「これなら安全で、絶対喜んでもらえる」というアドレスを約60か所紹介している。普通の旅行では聞き出せない歴史的エピソードや見どころ、お店のスタッフやお客さんの声なども盛り込んでいるので、本書を読んでから赴けば親子旅行の思い出も増すだろうし、たとえフランス語が話せなくとも、この本をきっかけにお店の人と交流をすることもできる。いや、実際に旅行に行かずとも、親子で一緒に本書を眺めてパリのことを話すだけでも、きっと楽しんでいただけるはずだ。

さらに、歳を重ねても生き生きとしているパリジャン・パリジェンヌの Art de Vivre（人生の楽しみ方）もご紹介。パリのシニア達が輝いている秘訣を親子で探ってみてはいかがだろう。

育ててくれた両親へ、自らが案内する旅と、ゆったりとした時間をプレゼントする。これこそパリジェンヌ流、エスプリの利いた親孝行のひとつだ。

目次

Chapitre 1　両親に見せたいとっておきのパリ情景アドレス ── 6

Chapitre 2　パリならではの特別な体験ができるアドレス ── 26

Chapitre 3　想い出の品も買えるショッピング・アドレス ── 59

Chapitre 4　フランスの歴史や文化を食で感じられるアドレス ── 85

Chapitre 5　リラックスした時間が過ごせる郊外アドレス ── 114

コラム

スローライフを体現したスポーツ ペタンクに親しもう	22
大人パリジェンヌのおしゃれの秘密	24
生き生きとパリで暮らす大人達へインタビュー	56
フランスの俳優達が魅力的な理由	58
都心でアクティブに暮らす大人カップル	82
自分らしく満喫する定年後のセカンド・ライフ	84
大人のホーム・パーティ・スタイル	112
フランスの福祉・老後対策	130

便利な情報

和食が恋しくなったときに気軽に利用できる店	108
これだけ覚えれば大丈夫 簡単フランス語会話	126
ゆったり親子旅行におすすめの交通手段	132
大人も安心、パリ旅行の手ほどき	134
憧れのパリライフが体験できるアパルトマン・ホテルに泊まる	136
両親も安心！パリ旅行の医療情報	137
パリ便利帳	138
パリマップ	140
インデックス	142

データの見方

外観　地図

※本書に掲載されている取材先の住所、電話番号、営業時間、定休日、価格などは2012年9月の取材時のもので、変更になる場合があります。

- 住 住所
- 駅 最寄りのメトロまたはRERの駅
  - Ⓜ＝メトロ　Ⓡ＝RER
  - 例）Pyramides（Ⓜ 7, 14）＝メトロ7番線、14番線のPyramides駅
- 停 最寄りのバスの停留所
- 交 行き方
- ☎ 電話番号（○€／分＝1分につき○€の電話料金がかかる）
- 時 開館時間、営業時間など
  - L.O.＝ラストオーダー
- 休 定休日
- € 料金、値段
- 他 その他の情報
  - 日ス 日本語が話せるスタッフがいる
  - 英ス 英語が話せるスタッフがいる
  - 日メ 日本語のメニューがある
  - 英メ 英語のメニューがある
  - 🚻 トイレがある

※スタッフは、必ずしも常駐しているとは限りません。

Chapitre 1

両親に見せたいとっておきの パリ情景アドレス

La Seine
セーヌ川

パリのセーヌ川を味わい尽くす

パリの起源でもあるシテ島に立つノートルダム大聖堂。

セーヌ川の歴史はパリの歴史

パリの中心を流れるのはセーヌ川。37の橋のうち "Pont de Sully（シュリー橋）" から "Pont d'Iéna（イエナ橋）" までのおよそ8キロメートルが世界遺産にも登録されている。川を境に北部を "Rive Droite（右岸）"、南部を "Rive Gauche（左岸）" と呼ぶ。セーヌ川は、ブルゴーニュ地方のディジョンに始まり、パリからノルマンディー地方を経て、イギリス海峡へ抜ける。全長約780キロメートル、国内ではロワール川に次ぐ第2の長さを誇る。

セーヌ川は、パリの誕生から中心的な役割を果たしてきた。紀元前1世紀ごろ、シテ島に漁民が定住したのがパリの始まりとされている。以後、パリは船乗り達によって守られてきた。その名残か、現在のパリ市の紋章には、"Fluctuat nec Mergitur（波にたゆたえども沈まず）" というラテン語と、帆を張った船が描かれている。パリはセーヌ川なくして語れないのだ。

上：散歩にぴったりなセーヌ河岸。下：夏に現れるパリ・プラージュ（人工の砂浜）。

セーヌ川の楽しみ方はいろいろ

セーヌ川を一望したいなら、遊覧船に乗るのが一番。おすすめは"Batobus(バトビュス)"。乗り降り自由で、有名な観光スポットの近くにある八つの乗り場で乗船・下船できる。船上からは、エッフェル塔、ルーヴル美術館、ノートルダム大聖堂、オルセー美術館など歴史的建造物が一望できる。

もし、パリジャンやパリジェンヌのようにセーヌ川を楽しみたいなら、おすすめはやはり散歩。パリの人達は、セーヌの岸辺を散歩するのが大好きだ。日曜日には右岸の一部が歩行者天国になるし、平日でも岸辺を歩く人や、ベンチで読書をする人、もの思いにふける人の姿を良く見かける。許可が必要だが、釣りにいそしむ人達もいる。夏には恒例の人工の砂浜、Paris Plages(パリ・プラージュ)が川の中心部に登場する。川で遊泳はできないが、忙しくてバカンスに出かけられない人々を、パリの夏が優しく包んでくれる。

セーヌ川の岸辺で忘れてはならないのはBouquinistes(ブキニスト)。サン・ルイ島付近の河岸に軒を連ねる、露天の古本屋の店主達だ。ハガキ、写真、ポスターなども買える。

やはり、この風景なしにはパリを語ることができない。

釣りをしたり、愛を語ったり、パリの人々はセーヌ川のほとりで思い思いに過ごす。

余談だが、パリの住所とセーヌ川が関係していることをご存じだろうか。パリの番地は、セーヌ川を基準に番号が振られている。セーヌ川の流れに並行している道は、上流方向（パリ東部）から1番地が始まり、下流（パリ西部）に向かって行くにつれて数が増える。セーヌ川に対して垂直な通りは、セーヌ川に近いほうから番号が始まり、遠くなるほど数が大きくなる。パリとセーヌ川の関係の深さを物語っている。

パリの街を歩いていると、時間がゆっくりと流れていることに気がつく。歴史を育んできた雄大な川が醸し出す時間のマジックだ。名所巡りもけっこうだが、パリに来たなら、1日くらいはセーヌ川を眺めながら、物思いにふけるのも、パリジャン・パリジェンヌに倣った時間の過ごし方だ。

バトビュス乗り場

〜〜= 乗り場

チュイルリー公園　Pont Neuf　シテ島
Pont des Invalides　Pont du Carrousel　Hôtel de Ville　サン・ルイ島
Pont Alexandre III　Pont Royal　・ルーヴル美術館
Pont de l'Alma　Champs-Élysées　Louvre　M Cité　Hôtel de Ville　Pont d'Austerlitz
Pont d'Iéna　Saint-Germain-des-Prés　Pont de Sully
Tour Eiffel　Invalides　Pont de la Concorde　Musée d'Orsay　Musée d'Orsay　Notre-Dame　Jardin des Plantes
・エッフェル塔　　Pont au Double
　　　　　　　　　ノートルダム大聖堂
　　　　オルセー美術館　　　　　　　　植物園

Batobus
バトビュス

🏠 Port de la Bourdonnais　75007 Paris（事務所）

☎ 08 25 05 01 01（0.15 €／分）

🕐 10:00〜19:00（春夏は〜21:30）※約30分間隔で運行

休 年中無休

€ 1日パス：15€（大人）、7€（16歳未満）

http://www.batobus.com/batobus-navettes-paris-seine-japan.htm（日本語サイト）

※乗り場は、Tour Eiffel（エッフェル塔）、Champs-Élysées（シャンゼリゼ大通り）、Louvre（ルーヴル美術館）、Hôtel de Ville（パリ市庁舎）、Jardin des Plantes（植物園）、Notre-Dame（ノートルダム大聖堂）、Saint-Germain-des-Prés（サン・ジェルマン・デ・プレ）、Musée d'Orsay（オルセー美術館）の8つの観光地からセーヌ川に出た場所。チケットもこれらの船着き場で購入できる。

Galerie Vivienne
ギャルリー・ヴィヴィエンヌ

Passage des Panoramas
パッサージュ・デ・パノラマ

情緒たっぷりの散歩道「パッサージュ」の魅力

右:19世紀にトリップしそうなギャルリー・ヴィヴィエンヌ。左:常に人で賑わうパッサージュ・デ・パノラマ。

セピアカラーに映える産業革命の賜物

「パッサージュ」とは、ガラスの屋根に覆われたアーケードのこと。パッサージュが建設される19世紀以前のパリの街には、まともな道などなく、どこもかしこも塵と埃だらけで、生活環境は悪かった。フランス革命後、皇帝ナポレオン3世の第二次帝政の治世に、パリの社会は大きく変わる。ナポレオン3世の命により、当時のセーヌ県知事であったジョルジュ・オスマンが、パリ大改造を行ったからだ。この都市開発のおかげで、今の美しいパリがあるといえる。この画期的な都市開発は、その後、近代都市のお手本となる。

そのようなご時世にパッサージュが生まれた。資本家達によって、雨が降ろうと、道がすさんでいようと、そぞろ歩きが楽しい商店街を作ろう、という発想から建設されるや、これが大ヒットし、次々と誕生する。ちなみに、パッサージュは経済の中心だったセーヌ右岸に多く、特に現在のGrands Boulevards（グラン・ブルヴァール）と呼ばれる大通り付近に多く点在している。

雰囲気の異なる二つのパッサージュ

訪れるべきパッサージュはたくさんあるが、パレ・ロワイヤルの北にある「ギャルリー・ヴィヴィエンヌ」（ギャルリーもパッサージュと同意義）は、パリでもっとも優雅で美しい。ここは1826年に完成。ヴェネチアン様式のモザイクが特徴で、本書でも紹介しているワイン店「ルグラン・フィーユ・エ・フィス」（P100）や、有名なサロン・ド・テ、"A Priori Thé（ア・プリオリ・テ）"もこのパッサージュ内にある。ガラス屋根から射し込む光に、床のモザイクが照らされ、ひとつの貴重なデザイン空間となっている。これぞパリともいえるフォトジェニックな風景に出合えるパッサージュだ。

もうひとつ、ギャルリー・ヴィヴィエンヌと対照的な雰囲気の「パッサージュ・デ・パノラマ」を紹介しよう。ヴィヴィエンヌから徒歩圏内。グラン・ブルヴァールに面し、いくつもの商店が並ぶ庶民的な雰囲気。こちらは1799年にオープンした、アメリカ資本によるパッサージュだ。19世紀のパリを描いた映画『天井桟敷の人々』（1945年）に見

パッサージュでは、風情を楽しみながらパリの美食に触れることもできる。
右：パッサージュ・デ・パノラマ。左上下：ギャルリー・ヴィヴィエンヌ。

られる「大通りにある劇場」は健在で、今でも劇場群がこの界隈に根づいている。このパッサージュの隣には1807年創業の「ヴァリエテ座」もあり、パッサージュの繁栄に一役買ったころの名残が感じられる。実際、ヴァリエテの関係者の出入り口がこのパッサージュ内にあるため、著名な俳優とすれ違うことも。その出入り口の前には、映画俳優のポートレートを飾ったレストランがあり、俳優達行きつけの食堂にもなっている。

このパッサージュは、コレクターが集まる切手やハガキの専門店が多いことでも知られている。また、素敵なサロン・ド・テや、日本人シェフによる星つきレストラン、レストランと同系列の行列ができるほど人気の「餃子バー」などもあって、覗いてみるだけでも楽しい。

パリ市は今、エコロジー政策を進めており、車を排除した明るい街づくりが行われ、街が大きく変わろうとしている。一度壊したら、イミテーションは再建できたとしても、風格は保てない。この壮麗なパッサージュが、いつまでもその姿を留めることを祈ってやまない。

新しい店舗が増える中、パッサージュ・デ・パノラマには昔ながらの切手専門店や、ハガキやコインの専門店も残っているので、コレクターには嬉しい。

Galerie Vivienne ①
ギャルリー・ヴィヴィエンヌ

住 4, rue des Petits Champs 75002 Paris（メインのエントランス）
駅 Bourse（Ⓜ 3）
時 8:30〜20:30

Passage des Panoramas ②
パッサージュ・デ・パノラマ

住 11, boulevard Montmartre 75002 Paris（メインのエントランス）
駅 Grands Boulevards（Ⓜ 8, 9）
時 6:00〜24:00

Marché d'Aligre
アリーグル市場

パリジェンヌ達の台所 「マルシェ」の楽しみ方

パリの素顔と日常生活が垣間見られるマルシェはタイプもいろいろ。ぜひともパリの日常の顔を見て欲しい。

コミュニケーションがあふれるマルシェ

パリ市に93か所あるマルシェ（市場）。パリジェンヌにとって、マルシェは毎日の生活に欠かせない場所だ。マルシェは大きく三つのタイプに分けられる。ひとつ目が、決まった時間に営業している「常設の屋内マルシェ」。日本でいえば、アーケードつきの商店街といったところか。二つ目は、決まった通りや広場に仮設として立つ「屋外マルシェ」。観光客が想像するパリのマルシェはこれ。三つ目はイベントなどのときに並ぶ「移動マルシェ」で、ブロカント（古道具）市や地方の物産展のこともある。いずれのマルシェも、野菜、果物、チーズ、魚といった食品中心の品揃えだ。

パリの朝、8時過ぎ。買い物客がぞくぞくとマルシェに集まってくる。平日の客層は、主婦や買い出し担当の男性が多い。その中に交じって、年配のムッシューやマダムの姿を多く見かける。お目当てはもちろん新鮮な食材だが、もうひとつのお楽しみはおしゃべりだ。特にひとり暮らしの場合、マルシェで交わす店主達との会話は何より嬉しいようだ。

"Bonjour, ça va ?"（おはよう、元気かい？）から始まり、「今日はオレンジが安いよ」「味はどうなの？」「味だって？もちろん保証つきさ！」とリズムのある会話が飛び交う。この会話のリズムはマルシェならではだ。とはいえ、店主達にとって、ここは真剣勝負の場。商売の邪魔と判断するやいなや、観光客にも雷を落とすことがあるので要注意。フランス人の短気ぶりは、まさに江戸っ子並み。したがって、見学だけや、少量の買い物の場合は、なるべく邪魔にならないようにした方が身のためだ。もし、彼らとの会話を楽しみながらゆっくりとマルシェを堪能したいなら、平日の昼間がおすすめ。この時間帯ならどこのマルシェでも比較的すいているからだ。

パリを代表する常設型マルシェとその周辺

パリを代表するマルシェのひとつが、「アリーグル市場」。1779年建設の由緒正しき常設市場だ。バスティーユ広場から歩いて10分の距離にあり、しかも月曜日以外は毎日開かれているので、観光客も利用しやすい。特に、アーケードつきの屋内市場はまるで商店街。肉、魚、野菜、チーズ、ハム

穀物店の店主、ジョジョさん。コミュニケーションと賑わいのあるマルシェの生活をこよなく愛している。

・ソーセージや花など、さまざまな店が並んでいる。値段はスーパーと比べてやや高めだが、品質については確かなものがある。土曜日の午前中には食卓に必須の肉、魚、チーズなどの店で特に長い列ができている。魚屋ではその場で新鮮な牡蠣を食べることもできる。

また、アリーグル市場の外には、マルシェにはない商品を扱う専門店なども軒を連ねている。パリでは恐らく最後の生き残りである穀物店 "La Graineterie du Marché（ラ・グレネトリ・デュ・マルシェ）" もそのうちのひとつ。米やパスタ、クスクスの粉、乾燥豆類、ハーブにスパイスなどを扱う店で、雰囲気のあるムッシューやマダムが出入りする様子はまるで「古き良き時代のパリ」。さらにこのエリアには、店主達が集うワイン・バーやビストロもあるので、市場で買い物をした後、パリジャンを気取ってワイングラスを傾けるのもいい。ここでは、長年マルシェで暮らしてきた人々の生活の一部が垣間見られる。ガイドブックでは紹介されない、素顔のパリに出合うことができる。

右：ありとあらゆる種類が楽しげに並んでいる穀物店。
左：交流と会話の多さは、マルシェならでは。お客さんも会話を楽しみにしている。

駅 Ledru-Rollin（Ⓜ8）
時 7:30〜14:00（売買は13:30頃まで）
休 月

La Graineterie du Marché
ラ・グレネトリ・デュ・マルシェ
住 8, place d'Aligre 75012 Paris
駅 Ledru-Rollin（Ⓜ8）
☎ 01 43 43 22 64
時 9:00〜13:00/16:00〜19:00（火〜金）、
　9:30〜13:30/16:00〜19:30（土）、
　9:30〜13:30（日）
休 月

Marché d'Aligre
アリーグル市場
住 Rue d'Aligre 75012 Paris

高さ130メートル、パリで一番高い丘にそびえるサクレ・クール寺院。展望台から眺めるパリの街も美しい。

Montmartrobus
モンマルトルバス

バスでのんびり モンマルトル散策のすすめ

上り坂も楽に回れる便利な交通手段

パリの北にあるモンマルトルは、高い丘にそびえる白亜のサクレ・クール寺院、似顔絵描きで賑わうテルトル広場などで知られ、パリでも人気の観光スポットのひとつ。整然とした街並みが続く中心地とは趣が異なり、古き良きパリを思わせる牧歌的なモンマルトルの風景に魅了される人も多い。女優オドレイ・トトゥの出世作となった映画『アメリ』(2001年) の中で、ヒロインが暮らすアパルトマンや勤めているカフェがあったのもここモンマルトル。界隈の情景が、ノスタルジックな雰囲気の漂う映画にぴったりマッチしていた。

ただし、いざモンマルトル散策をしようとすると、きつい上り坂や入り組んだ細い道の分かりにくさに不便を感じることも多い。特に両親を連れた旅行のように、効率良く、かつ無理をせずのんびりと散策するのにおすすめの移動手段が、「モンマルトルバス」。メトロと共通のチケットで乗車可能な公共バスだが、モンマルトルの見どころを網羅して走ってくれるとても便利な路線だ。

情緒たっぷりのモンマルトルの風景

バスのスタート地点はメトロのPigalle（ピガール）駅前。ここからモンマルトルの丘を上り、丘の反対側へと下りる。片道たった20分程度、停留所は約30か所の短い路線だが、近隣の住民をはじめ、観光客の利用も多い。一方通行があるため、通る道は少し違うが、復路も同じピガール駅前に戻る。

バスが走り出したら、車内の路線図をチェックしつつも、ゆったりと車窓からの景色を楽しもう。主要な停留所は、おしゃれで個性的なブティックが多いAbbesses（アベス）、有名な風車のあるMoulin de la Galette（ムーラン・ド・ラ・ギャレット）、サクレ・クール寺院に行くにも便利なPlace du Tertre-Norvins（プラス・デュ・テルトル−ノルヴァン）など。主要な停留所は人の乗降も多いから分かりやすい。

パリのバスは普通、2車両連結の大型バスだが、モンマルトルバスは1車両で横幅も狭く、だからこそモンマルトルの細く曲がりくねった路地もすいすいと走っていく。今も昔も多くの人に愛されるモンマルトルの情景を、タイムスリップ気分で楽しんで欲しい。

右：小さな階段と石畳の道。絵になる風景だ。上：サクレ・クール寺院下の広場にあるメリー・ゴーランド。左下：大きな風車が目印のル・ムーラン・ド・ラ・ギャレットの前で、親子で記念撮影も良い。

停留所近くのおすすめアドレス

La Boutique des Anges
ラ・ブティック・デ・ザンジュ

アクセサリー、置物、カードなど、さまざまな天使グッズを取り揃えているブティック。手ごろなお土産もすぐに見つかる。
停 AbbessesまたはYvonne le Tac
住 2, rue Yvonne le Tac 75018 Paris
☎ 01 42 57 74 38
時 10:30～19:30（月～土）、11:00～19:00（日）
休 年中無休
http://www.boutiquedesanges.fr/boutique/

Au Marché de la Butte
オ・マルシェ・ド・ラ・ビュット

映画『アメリ』内では「コリニョンの店」として登場した食料品店。今は名前が変わっているが、昔の看板が入り口の上に残っている。モンマルトルには他にも映画の中で登場した場所がたくさんある。
停 Abbesses
住 56, rue des Trois Frères 75018 Paris
☎ 01 42 64 86 30
時 9:00～21:00
休 月

Le Moulin de la Galette
ル・ムーラン・ド・ラ・ギャレット

ルノワールが描いた19世紀の伝説的ダンス・ホールは、現在は雰囲気の良いフレンチ・レストランとなっている。観光地とは思えないほど美味しくて値段も手ごろだ。
停 Moulin de la Galette
住 83, rue Lepic 75018 Paris
☎ 01 46 06 84 77
時 12:00～22:30
休 年中無休
http://www.lemoulindelagalette.fr/

Au Lapin Agile
オ・ラパン・アジル

19世紀から続くシャンソニエ。目の前にはパリに残る稀少なぶどう畑があり、ここのぶどうでワインも作られている。この辺りは石畳の道も美しく、もっともパリらしい景色が広がっている。
停 Les Vignes
住 22, rue des Saules 75018 Paris
☎ 01 46 06 85 87
時 21:00～翌1:00
休 月
http://www.au-lapin-agile.com/

① ⑭ Pigalle
② Martyrs
③ Orsel
④ ㉝ Abbesses
⑤ Durantin-Burq
⑥ Tholozé
⑦ Tourlaque
⑧ 88, rue Lepic
⑨ ㉚ Moulin de la Galette
⑩ ㉙ Place du Tertre-Norvins
⑪ Les Vignes
⑫ ⑱ Lamarck-Caulaincourt
⑬ ⑰ Custine-Mont-Cenis
⑮ Marcadet
⑯ Custine-Ramey
⑲ Lamarck-Mont-Cenis
⑳ Lamarck-Becquerel
㉑ Chevalier de la Barre
㉒ Utrillo
㉓ Funiculaire
㉔ Mont-Cenis-Cortot
㉖ Saules-Cortot
㉗ Abreuvoir-Girardon
㉘ Gabrielle
㉚ Drevet
㉛ Chappe
㉜ Yvonne Le Tac

Montmartrobus
モンマルトルバス

時 7:30頃～深夜 ※本数は10～15分に1本程度
休 年中無休
€ メトロのチケットで乗車可能。バス内で切符を購入する場合は大人1枚1.9€
http://www.ratp.fr/

Le Marché aux Puces de Vanves
ヴァンヴの蚤の市

パリならではの名物 蚤の市を訪れる

どの世代の人も、自分に似合った楽しみ方が見つかる蚤の市。パリの人々の生活の歴史も垣間見られる。

ものを代々引き継いでいくフランス人

「ヴィンテージ」という言葉がここ数年流行している。語源はどうやらフランス語の「ぶどうの収穫」を表すVendangeから来ているそうだ。そこから派生した英語のVintageでは、年代ものの希少品を言い表すようになったとされている。

そもそも、フランスの伝統に「物を次の世代に受け継ぐ」というものがある。代表的なものがリネン。祖母の名がCarineであれば、リネンに「C」という頭文字を刺繍する。それを引き継いでいくために、娘や孫にも「C」を頭文字にした名前をつけるとか。特に昔のものは手作りが多く、美しい。誰もが数世代にわたって使うことを考慮し、大切に扱う。リネンに限らず、家具、そして洋服やアクセサリーなど、日常的な装飾品の多くは家族からの贈りものだ。インテリアにおいても、家族から受け継いだヴィンテージ家具に、IKEAのような北欧風のモダンで実用的な家具をミックスさせるのがパリジャン風。彼らは、古いものの価値、そして、現代での活かし方を日常的に学んでいる。

パリっ子が大好きな蚤の市

そんな価値のあるヴィンテージに触れられるのが週末のみ開かれる「蚤の市」。ここには、がらくたを含めた古物が揃う。まずは価値を見極める目を鍛えつつ、物色するのが蚤の市散策の醍醐味。不幸にも貴族やブルジョワ家庭に手放された、貴重なヴィンテージものが見つかるかもしれない。

パリには、三つの有名な蚤の市がある。クリニャンクール、モントルイユ、ヴァンヴだ。中でもパリっ子に人気なのはヴァンヴの蚤の市。アクセスが容易なうえに、一本の通りの歩道にずらりと並ぶだけの小さな規模が魅力。昼の1時には閉まるが、朝10時ごろ訪れて昼までの「宝探し」には十分な広さ。ふらりと散歩をするだけでも楽しい。お客さんが必死で値切ろうとする姿や、買った家具を自分で家まで持ち運ぼうとする人々といった生活の一部を垣間見られるから。あるスタンドでは、朝から隣人オーナー達が集まってトランプに興じ、昼ともなれば、ワインボトルが空いてしまうほど。これも蚤の市の風物詩だ。

フランス人の伝統に、年代物の小物や家具を通して触れるうちに、自分達親子の絆も深まるに違いない。

右上：商売よりもトランプが目当て!? 右下：使い古しの味わいがある食器の数々。左：スタンドごとに特徴があるので、お気に入りを見つけたい。

Le Marché aux Puces de Vanves
ヴァンヴの蚤の市

- 住 Avenue Marc Sangnier 75014 Paris
- 駅 Porte de Vanves (Ⓜ 13)
- 時 7:00〜13:00（土、日のみ）
- 休 月〜金

http://pucesdevanves.typepad.com/

スローライフを体現したスポーツ
ペタンクに親しもう

南仏生まれの国民的スポーツ

パリの街を歩いていると、広場や公園で何やらボールゲームを楽しんでいる光景に良く出合う。数人が集まって、野球ボールサイズの球を投げて相手の球に当てたり、ゴルフのように的に寄せたりする様子は、日本のゲートボールを思わせる。みんながのんびりと談笑しながらプレーしているのが印象的だ。

この球技はPétanque（ペタンク）というフランス発祥のスポーツ。その起源は南仏で盛んだったプロヴァンサルという球技といわれている。3歩の助走をつけて遠くに投げるゲームだったが、1900年初め、リウマチのため車椅子生活になったプロヴァンサルの元チャンピオンのために、友人達が助走を省き、目標の距離を近くした新しいルールを考案したのが始まりだ。近年はアジアや南米にも普及し、日本で

もシニアを中心に愛好者が増えている。本場フランスの競技人口は500万人といわれ、サッカーの次に親しまれている国民的スポーツだ。ルールはごく単純で、3対3または2対2のチームに分かれ、「ブール」と呼ばれる金属製の球を順番に投げて、的（ビュット）に近づけたチームが勝ち。スピードや力ではなく投球技術や作戦がものをいうので、老若男女が一緒にプレーできるのが魅力だ。

人生を楽しむために欠かせない存在

とある休日、パリ市役所前には特設コートが設けられ、チャンピオンから初心者まで大勢のペタンク・ファンが集うイベントが開催されていた。参加者ミシェルさんも、週末になると仲間達との試合を楽しむ生粋のペタンク狂。こちらが話しかけると、日焼けした顔で、情熱たっぷりにルールやコツを説明してくれる。

世界中に南仏ブームを巻き起こしたピーター・メイルの本『南仏プロヴァンスの12か月』の中でも、ペタンクは「古今東西を通じてもっとも楽しく愉快な球技」と紹介されている。類似の球技は世界中に存在しているはずだが、ペタンクを特別魅力的なものにしているのはその環境だろう。昼下がりの太陽のもと、傍らには南仏で愛飲されているパスティスというアニスの香り高いお酒や、仲間達との尽きないおしゃべり。田舎やキャンプ場でゲームすることが多いため、ペタンクはバカンスの楽しい思い出ともリンクする。人生を楽しむ術に長けたフランス人がこよなく愛するこのスポーツ、もし機会があればぜひ挑戦して欲しい。

パリ市役所前の広場で開かれたペタンク大会。

大人パリジェンヌの
おしゃれの秘密

　隠すのではなく自分のスタイルにおもしろいことに、他の国にいてもフランスの女性はすぐに見分けがつく。エレガントでこなされた洋服のセンスと、女性らしい身のこなし。それは他の国の女性達にはない特徴だ。とりわけ大人のパリジェンヌは洗練されている。もちろん若いパリジェンヌのさりげないカジュアルさもいいが、フランス女性の魅力の真骨頂は、大人のパリジェンヌの優雅なスタイルにある。

　大人のパリジェンヌ達がおしゃれなのには訳がある。まず、仕事に趣味にとアクティブな女性が多い。そのため常に情報に敏感で、齢を重ねても女であることを決してやめず、センスを磨き続けている。また、自分に似合うスタイルを知っていることも大きな武器。「エレガントなマダム風」「アーティスト風」など、彼女達には自分のスタイルがある。無理をして若く見せる

のではなく、個性が引き立つ服やアクセサリーを選ぶ。少しポッチャリの体形であってもそれを隠さず、丸みを女性らしさに変えてしまうのがとても上手だ。

参考にしたいレイヤースタイルや色使い

気軽に真似できる大人パリジェンヌ・スタイルの第一歩は、「羽織る、巻く、重ねる」のレイヤースタイル。重たいストールではなく、淡い色で軽い素材の大きめスカーフやストールを、首にゆるりと巻いたり、肩にかけたりする。これを実践するだけで、ぐんとスタイリッシュに見える。彼女達がストールを好むのには理由がある。あまり知られていないが、パリは一日の寒暖の差が激しい。一日で10℃くらい変化する日はざらにある。そのためパリではスカーフやストールが欠かせない。それをおしゃれに使ってしまうのがパリジェンヌ。

また、大人パリジェンヌは色使いが上手。彼女達をお手本に、インパクトが強い色の小物を取り入れてみよう。黒い服に赤いアクセサリーや、白い服に黒を基調にしたアクセサリーなどで華やかに装う。エスニック風の大ぶりなアクセサリーも人気が高い。

パリの街を歩くと、年齢を重ねたおしゃれなマダム達を良く見かける。真っ赤なルージュを引き、ツイードのスーツなどをエレガントに着こなしている。そこには若者が逆立ちしても絶対に追いつけない貫禄を感じる。パリに来たなら、ショッピングを始める前に、ぜひ街を歩くマダムの姿を観察して、おしゃれの秘密を盗んで欲しい。

街で見かけた素敵なマダム。

チェックしたい大人の女性向けブティック

Caroll
キャロル　サン・ジェルマン店

幅広い年齢層に支持される人気ブランド。ワンピース100€〜、カットソー70€〜。バッグやスカーフなどの小物も充実。

住 156, boulevard Saint-Germain 75006 Paris
駅 Mabillon (Ⓜ 10) ☎ 01 44 07 39 00
http://www.caroll.com/corp_fr/

Un Jour Ailleurs
アン・ジュール・アイユール　リヴォリ通り店

上品なマダム御用達の店。カッティングの美しい上質でエレガントな服が手に入る。ブラウス、スカートともに100€〜。

住 92, rue de Rivoli 75004 Paris
駅 Châtelet (Ⓜ 1, 4, 7, 11, 14) ☎ 01 42 71 70 60
http://www.unjourailleurs.com/

Chapitre 2

パリならではの特別な体験ができるアドレス

Opéra Palais Garnier
オペラ・ガルニエ宮

フランスが誇る歌劇場で音楽やバレエに親しむ

右：華やかな装飾の美しいオペラ・ガルニエ宮。左：ため息の出るような豪華な大階段。舞台を観る前から夢見心地に。

豪華絢爛な劇場の誕生

ナポレオン3世の命を受けたオスマンによる「パリ大改造」、そして1980年代のミッテラン大統領による「七つの大計画」。この二つの改革によって「今のパリ」が形づくられたといっても過言ではない。

フランスが誇る歌劇場「オペラ・ガルニエ宮」、通称オペラ座は、オスマンの「パリ大改造」によって19世紀後半に誕生した。設計を担当したのは建築家シャルル・ガルニエ。ネオ・バロック様式の典型といわれるガルニエ宮は、1875年1月5日に落成式が行われた。数々の彫刻と、華美な装飾による豪華絢爛たる劇場は、パリの王立あるいは国立のオペラ劇団が公演する13代目の劇場に当たる。5階まで設置された2167の座席数は、もちろん当時は世界最大級。ちなみに、有名なオペラ大通りもこのとき誕生したそうだ。

そして、1989年、バスティーユにもうひとつのオペラ座、オペラ・バスティーユが建設されて以降、オペラの公演は分担され、現在ガルニエ宮ではバレエ、小規模なオペラ、管弦楽コンサートを中心としたプログラムが組まれている。

ガルニエ宮で公演を鑑賞するためには

せっかくパリに来たからには、ぜひとも両親にもガルニエ宮でオペラやバレエを鑑賞してもらいたいもの。それにはまず、チケットの手配が必要だ。英語の読み書きが多少できれば、公式サイトにアクセスし、日本でチケットを入手できる。自分での手配が難しければ、旅行会社に依頼してもいい。サイトにはかなり前から上演プログラムが掲載されており、予約開始日や席の位置、値段などが詳しく提示されている。有

大ホール内は、まるで魔法をかけられたような空間。訪れる人々はすべてに魅了される。

名なバレエ演目などは人気が高く、チケットを確保しにくいので、内容にかかわらず、旅行日程に合わせて鑑賞作品を選ぼう。オペラ座では特にドレスコードはないが、パリジェンヌ流に少しドレスアップして行くと、より華やかな気持ちになれる。

もし、チケットが取れなくても落ち込むことはない。ガルニエ宮の建物を見学するだけでも十分楽しめるからだ。ヴェルサイユ宮殿を思わせる内部は一見の価値あり。有料（9€）だが、10時から17時までの間（入場は16時半まで）、大階段、ロビー、博物館、展示スペースと大ホールなどの見学ができる（大ホールはリハーサル、工事、舞台制作中を除く）。ガルニエ宮正面のバルコニーから見た、オペラ大通りの眺めは絶景なのでおすすめしたい。

華やかな公演を支える舞台裏

広報のマルトンさんは次のように話す。「陰で舞台を支える人々の存在を忘れてはなりません。実は、ガルニエ宮には、常時1700名、契約社員などを含めると2500名もの人が勤務しています。華やかな舞台は、彼らの努力なしには決

してありえません」。特に、人々を魅了する舞台衣装へのこだわりは相当なものだ。デザイン、布選び、裁断、仮縫いと一着の衣装ができるまでに長い工程がある。ときには布から染めることさえある。ひとつひとつが手作業のため、制作に一年を要することも。ガルニエ宮の内部にはクリーニングをする部門まであるそうだ。オペラ座では、プログラムは上演の3年前に支配人によって決定される。3年後の公演を目指して、振りつけ、舞台装置、音楽、衣装、宣伝などそれぞれの部署が少しずつ制作に入り、やがて時計の歯車が噛み合うようにひとつにまとまってゆく。舞台を制作していく人々と、舞台で活躍する人々、陰で支える人々、それら全員の努力によって、オペラ座の舞台は初めて花開くのだ。

「ロンドンやローマに負けない、美しい街を」と、ナポレオン3世が理想を抱いてから160年余り。今や世界を代表する歌劇場となったこのガルニエ宮に、フランス皇帝の意地とプライドの片鱗を見ることができる。美しい内観だけでも、ぜひお父さんやお母さんに見てもらいたいパリの一押しスポットだ。

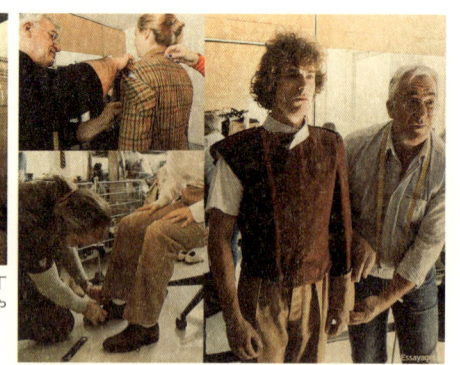

右：衣装は、たくさんのスタッフの手によって丁寧に作られていく。上右：舞台衣装。上左：華やかな笑顔の広報担当、マルトンさん。

Opéra Palais Garnier
オペラ・ガルニエ宮

住 Place de l'Opéra 75009 Paris
駅 Opéra (Ⓜ 3, 7, 8)
☎ 08 92 89 90 90 (0.34€／分)
時 窓口：11:30〜18:30
　 見学：10:00〜17:00
休 日（窓口）
€ 9€（館内見学料）
他 🚻

http://www.operadeparis.fr/

5階席で間近に見ることができるマルク・シャガールの手がけた大きな天井画と、ガルニエによる豪華なシャンデリア。

Salle Pleyel
サル・プレイエル

ショパンゆかりのホールで
クラシック音楽を堪能する

リニューアル後、音響が大変良くなったと評判。舞台を通して客席まで望める演奏者の後方席もおすすめだ。

音楽が日常にあふれるパリ

パリの街では、いつもどこかから音楽が聴こえてくる。素人、玄人を問わず、路上、メトロ、カフェに始まり、教会の無料＆有料コンサートまで、演奏の場は多様。特に、毎年夏至の日に開かれる「音楽の日」は、1982年に当時文化大臣だったジャック・ラングによって提唱されたお祭りで、フランス全土が音楽に包まれる。クラシック、ジャズ、ポップス、ロック等々、誰もが、あらゆる場所で演奏ができ、翌朝まで音楽が絶えない。また、パリはチャイコフスキー、ショパンの両コンクールに並ぶヨーロッパ有数のコンクール、「ロン＝ティボー国際コンクール」が開催される街でもある。パリに住む人達は皆、生活の中で音楽を「親しい隣人」のように考えている。

そんな音楽の都、パリを訪れたら、素晴しいミュージシャンを揃えたパリのクラシック・コンサートを両親にプレゼントしたい。ここで紹介する「サル・プレイエル」は、数あるパリのコンサート会場の中でも、一流のクラシックが聴ける場所。過去にはショパン、サン＝サーンスといった音楽家が

ピアノ製造から始まったプレイエル

「プレイエル」は、コンサート会場である前に、ピアノの製造会社であった。1807年、イニャス・プレイエル氏によって創業され、かのショパンも、プレイエルのピアノを愛用していたという。1830年、自社のピアノの展示とともに演奏家の活動場所として開場したのがサル・プレイエルで、音楽の殿堂であるオペラ・ガルニエ宮（P28）の187

©Todd Rosenberg

上：イタリア出身の名指揮者、リッカルド・ムーティさん。2008年より音楽監督を務めるシカゴ交響楽団とサル・プレイエルで何度かコンサートを開いている。中：斬新な内装のカフェ＆レストランもオープン。ここだけの利用も可能だ。下：サル・プレイエルのシンボルともいえる入り口ホールの豪奢なモザイクは、1944年のリニューアルで一度壊されたが、現在は復元している。

演奏した歴史も持っている。

5年の落成式よりも半世紀近く前に誕生していたことになる。

ちなみに「サル」とはホールのことだ。

「サル・プレイエルはその後、波瀾万丈の運命を辿ったんです」と、サル・プレイエルの広報を担当するプロヴァンサルさんは語る。モンマルトルの麓、Rochechouart（ロシュシュアール）通りにあったサル・プレイエルは、創業120周年を記念して1927年に現在のFaubourg Saint-Honoré（フォーブル・サン・トノレ）通りに移った。しかし、すぐに火災に遭い、さらに1929年には世界大恐慌の煽りを受

け、サル・プレイエルは銀行大手のクレディ・リヨネが所有することに。同時に当時の社長も退き、その後は経営不振に陥って行く。次々と経営者が変わり、1930年代には、ボクシングの試合会場にもなったことがあるとか。ジャズ・コンサートが盛んになり、マイルス・デイヴィスやレイ・チャールズがコンサートを行った時期もある。「そして、ついに2006年、フランス政府の管轄になったんです。大幅にリニューアルされ、2009年からシテ・ド・ラ・ミュージック管理のもと、今では国内外の一流のクラシック演奏家のコンサートが開かれていますよ」とプロヴァンサルさんは誇らしい口調で語ってくれた。

2012年、フランス現代音楽の巨匠ピエール・ブーレーズを筆頭に、現代の輝かしい演奏家がこの舞台を踏んだ。今後も世界に名だたるオーケストラやピアニストなどの演奏が予定されており、蘇ったサル・プレイエルへの期待は大きく膨らんでいる。なお、コンサートの鑑賞予約は電話、窓口の他、オンラインでも可能。パリ滞在のひととき、クラシックの音色に浸ってみたい。

右：凱旋門近くの喧騒の中にあるとは思えないほど、素晴らしい演奏に酔える場所。左：生まれ変わった舞台上で本番を待つ楽器。

Salle Pleyel
サル・プレイエル

住 252, rue du Faubourg Saint-Honoré 75008 Paris
駅 Ternes (Ⓜ 2)
☎ 01 42 56 13 13
　※予約11:00〜19:00（月〜土）
時 予約窓口：12:00〜19:00（月〜土）
€ 演目による
他 英ス 🚻
http://www.sallepleyel.fr/

カウンター周りのスペースを中心に集まって歌う。人が増えると座れなくなるほどなので、奥にある静かな部屋に移り、一息つくのもいい。

Le Cinquante
ル・サンカント

情緒あふれる歌声喫茶で
フレンチ・シャンソンを歌う

日曜日の夜だけ歌声喫茶に変わるカフェ

アルレッティ、ルイ・ジュヴェ、ミシェル・シモンといった銀幕を彩るスターに出会える名画『北ホテル』（1938年）や『アタラント号』（1934年）の舞台になったサン・マルタン運河周辺は、下町の情緒いっぱいに、親世代も憧れたであろう、いにしえのパリが香る素敵な界隈だ。運河に近いLancry（ランクリー）通りの50（サンカント）番地に、それこそ50年代を意識したデコレーションがノスタルジックなムードを醸し出すカフェ「ル・サンカント」がある。パリのカフェは、若者だけでなく白髪の素敵なムッシューやマダムも気軽に仲間入りできるのが特徴で、世代の差などまったくおかまいなしに人生論から政治、経済、カルチャーについて議論をする。パリのカフェ文化は輝かしくも自由な精神を育んでおり、そのため、カフェはパリの生活に必須のカルチャー空間だといえる。

平日は地元の人々で賑わうル・サンカントが、なんと日曜の夜は「歌声喫茶」に変貌。パリでも珍しいので、この日は他の地区からも人々が集い、店内は人でいっぱい。「一緒に

歌う」連帯意識で一人ひとりの笑顔がアット・ホームな雰囲気をもたらし、旅行客である異邦人をも温かく包み込んでくれる。お客さん達に配られる歌本には、エディット・ピアフ、アズナブール、シャルル・トレネ、ブラッサンス、ダリダ、ゲンズブールといった黄金時代のシャンソンが紹介され、すべての歌はナンバリングされている。参加者が歌いたいシャンソンの番号を伝えると、ギター奏者のマルチェロさんの演奏に合わせてみんなが歌い始める。そんな正真正銘の「歌声喫茶」がここにある。

カメラマンから転職したオーナーの第2の人生

オーナーはパトリック・ブールデさん。「もともとカメラマンだったんだよ。暗室で現像する時間が長かったからね。人と接触できる明るい場所に出たくなった。それがこのル・サンカントをオープンしたきっかけさ」。彼もシニアの域だが、若者と一緒に人生を謳歌している。「パリの日曜は静かだから、寂しく過ごす人が多かった。だから以前から知り合いだったギター奏者のマルチェロと『日曜シャンソン』を始めたんだ」。

右上：オーナーのパトリックさん。ドリンクをサーブしながら本人も歌って踊る陽気さ。右下：ギター奏者のマルチェロさん。彼の巧みなリードで熱気が生まれる。左：大きな鏡を通して見た店内の様子。

なかなか太陽が沈まない夏のパリ。ランクリー通りには、夜遅くまでサン・マルタン運河を訪れる人々が行き交い、日曜日には道行く誰もがル・サンカントから漏れる歌声に魅了される。早々に帳が下りる冬のパリ。ほとんどの店が閉店している真っ暗なランクリー通りに、ル・サンカントは明かりを灯す。幸せな歌声を響き渡らせ、街に温もりをもたらしてくれる。

フレンチ・シャンソンを一緒に歌うのは難しくとも、雰囲気を楽しむだけでも構わない。両親にきっと懐かしさを感じてもらえる名曲を聴きながら、パリジャン・パリジェンヌと触れ合うことで、パリ滞在の喜びを分かち合いたい。

世代を越えて一体となってフレンチ・シャンソンの神髄に触れる。

観光客はあまりいない。開店直後はまだ人が少ないので早めに仲間入りをして馴染んでおくのがおすすめ。

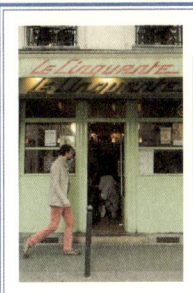

Le Cinquante
ル・サンカント

- 住 50, rue de Lancry 75010 Paris
- 駅 Jacques Bonsergent (Ⓜ 5)
- ☎ 01 42 02 36 83
- 時 17:30〜翌2:00（歌声喫茶は日曜のみ。平日はジャズなどのコンサートもあり）
- € コーヒー1.5€、ビール3€など
- 休 年中無休（夏期休業あり）

Georges François
ジョルジュ・フランソワ

Atelier Floral Vertumne Clarisse Béraud
アトリエ・フローラル・ベルチュームヌ・クラリス・ベロー

本場のフラワーアレンジを言葉の壁なしで学ぶ

フラワーアレンジメント界の巨匠に出会える教室

「何はなくとも花だけは欠かせない」というパリジェンヌ達。花屋に立ち寄れば、さらりと花を手にするのは当たり前の光景。部屋のインテリアとしてはもちろん、ホーム・パーティーのプレゼントなどにも使われる。何より、花の価格が安い。花屋ではバラ15本が10€前後で売られ、スーパーではブーケが3€で手に入る。まさにパリは「花の都」。そんなパリジェンヌの美意識を学ぶためにやって来る日本人も多い。

まずご紹介したいのは、日本でも活躍しているジョルジュ・フランソワさんの店。ジョルジュさんは、緻密に計算されたデザインを得意とするフラワーアレンジメント界の巨匠だ。これまで多くのアーティストを世に送り出してきた。ジョルジュさんの店があるのはパリ14区。店内はあふれんばかりの花で埋め尽くされ、クラシック音楽が軽やかに流れている。ジョルジュさんのレッスンスタイルは独特だ。テーマによってレッスンの場所も変わり、生徒と一緒にバスで地方まで足を運ぶこともある。レッスンには、日本でフラワーア

上：レッスン準備のスタッフ。あ・うんの呼吸が感じられる。下右：花の種類と量に圧倒される店内。下左：大きなブーケが好きというジョルジュさん。

レンジメントの教室を主宰する先生と生徒さんのグループなども参加する。パートナーの佐々木智子さんの通訳のもと、ジョルジュさんがデモンストレーションを行い、実習へと続く。「作っている本人が最後に満足することが一番大切なんだよ」とジョルジュさん。この教室では、旅行者にもリクエストに応じてレッスンをアレンジしてくれる。

素敵なマダムによるショップ&レッスン

パリ1区にあるフラワーショップ「アトリエ・フローラル・ベルチューヌ・クラリス・ベロー」も、人気のアトリエのひとつ。主宰するのはデザイナーのクラリス・ベローさん。立ち居振る舞いや心遣いまでも、お手本にしたいパリジェンヌ・マダムだ。クラリスさんの店のコンセプトは「庭と詩」。美しくまとめられた花々と、まるで野原にいるような自然のフォルムを生かした動きのあるデザインが特徴だ。レッスンは、店に隣接したアトリエで受けることができる。プロ向けのコースでは、クラリスさんのデモンストレーションの後、実習が行われる。日本人による通訳のサポートもあるので安心だ。実習が終われば、作ったブーケをイメージし

和やかな空気とたくさんの花であふれる「ジョルジュ・フランソワ」の店内。花のある暮らしは心を豊かにし、笑顔を誘う。

上：野原から草花を集めたような店内の花々はまさに「庭と詩」。下：クラリスさんの笑顔が清々しい雰囲気を作る。店内も花同様に手入れが行き届いている。

て用意された料理を試食することができる。「五感を全て使ってブーケのイメージを感じてもらいたい」というクラリスさんの願いが込められている。また、もっと身近に花のある生活を楽しんで欲しいという思いから、ショッピングや仕事の帰りに気軽に立ち寄ってブーケを作るプログラム"Happy Hour Happy Fleur"も始まった。もちろん旅行者もレッスンを受けられる。内容はリクエストに応じているので早めに連絡を。

最近では、パリジェンヌ達の間でもフラワーアレンジメントを習う人が多くなってきたため、この二つの教室は地元の女性達にも人気が高い。他にも、旅行者向けのワンデー・レッスンなどの充実している教室がたくさんあるので、ぜひ自分達に合った教室を探してみよう。

Georges François ①
ジョルジュ・フランソワ

- 住 36-38, rue Delambre 75014 Paris
- 駅 Edgar Quinet (Ⓜ 6)
- ☎ 01 43 20 52 34
- ✉ georgesfrancoisfleurs@gmail.com
  （日本語OK。レッスンは1か月前までに予約）
- 時 9:00〜21:00（月〜土）、9:00〜20:00（日）
- 休 年中無休
- € リクエストによる
- 他 日ス

http://georgesfrancois.com/

Atelier Floral Vertumne Clarisse Béraud ②
アトリエ・フローラル・ベルチュームヌ・クラリス・ベロー

- 住 12, rue de la Sourdière 75001 Paris
- 駅 Tuileries (Ⓜ 1)
- ☎ 01 42 86 06 76
- ✉ contact@atelier-vertumne.fr
  （英語OK。レッスンは要予約）
- 時 9:00〜18:30（月）、9:00〜19:30（火〜金）、11:00〜19:30（土）
- 休 日
- € リクエストによる
- 他 日ス

http://www.atelier-vertumne.fr/

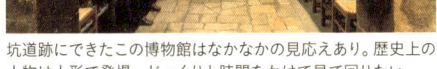

坑道跡にできたこの博物館はなかなかの見応えあり。歴史上の人物は人形で登場。じっくりと時間をかけて見て回りたい。

Le Musée du Vin Paris
ワイン博物館

大人のための博物館でワインを学び、そして味わう

13世紀の坑道を改装して造られた博物館

「白髪が生えてくるようになったら、女はやめてワインにしなさい」。フランスにはそんな諺があるとか。それだけワインというものは奥が深いということなのだろう。そんなワイン好きにはたまらないのが「ワイン博物館」だ。この博物館、建物が実にユニーク。なんと13世紀、パリの街の建設時に造られた7キロメートルにも及ぶ坑道がもとになっている。15～16世紀ごろ、坑道の近くにパッシー修道院が建設されたのをきっかけに、収穫したぶどう酒の貯蔵庫として使われるようになったという。歴史の中で地上の建物は取り壊されてしまったが、地下の貯蔵庫は、革命や戦火を逃れて人知れず残された。そして、1950年代になって再び発見された貯蔵庫は、1984年に博物館に生まれ変わるまでの間、エッフェル塔のレストランのカーブとして使われていたそうだ。

現在は、300メートルの坑道が展示スペースとなっており、その他に、円天井を持つ5つの貯蔵庫だった部屋がレストランや催しもののスペースになっている。坑道だったころの名残か、地面が心持ち坂道になっている。雨の日などは地

面が滑りやすくなるので、足元には十分気をつけたい。館内には、ワイン作りの歴史や行程が、実際に使われた約2000点に及ぶ道具や蝋人形とともに展示されている。ちなみにこの蝋人形は、Montmartre（モンマルトル）大通りにある「グレヴァン蝋人形館」と同じものだ。

日本人ソムリエによるワイン講座も

見所は、バルザック、ナポレオン、パストゥールといった歴史上の人物が、ワイン作りにどう関わったかという展示だろう。この辺りはぜひとも見学して発見して欲しい。日本語のオーディオ・ガイドもあるので、ご安心あれ。そして、見学の後はお楽しみの試飲が待っている。ワインはグラスで4・5€からとなかなかリーズナブル。自ら歩き回った後の一杯は格別だ。また、ワインと一緒に料理を楽しむこともできる。季節の素材を大切にしたフランス料理は日本人好みの味つけだ。ボリュームも、前菜＋メイン、またはメイン＋デザートのコース "Menu Terroir（ムニュ・テロワール）"（29・5€）で十分。ただし、食事を希望する場合は、事前に予約したほうが良いそうだ。

右：博物館内のレストラン。ところどころにある丸いアーチが歴史ある坑道の天井を支えている。左：優雅にワインを注ぐソムリエ・オノローグの小野里さん。

もっとワインを極めたい方には、ワイン講座がおすすめ。この博物館には、なんとフランスの国家資格を持つソムリエ・オノロ－グの小野里由紀さんがいる。小野里さんのワイン講座が毎週土曜日に行われているので、家族で参加してみてはいかがだろう（要予約）。

館内を見渡せば、ゆっくり年を重ねたカップルの姿がちらほら。真剣な眼差しからして、どうやら長年のワイン愛好家達のようだ。きっと、セカンド・ライフの優雅なひとときを満喫しているのだろう。ここはまさに、人生の楽しみ方を追求する大人にふさわしい場所だ。

上：ヴェネチアン・グラスのワイン栓（12€）。館内のブティックではワイン・グッズも買える。下：スズキのグリルなど、日本人好みの料理とワインの組み合わせを楽しんで。

Le Musée du Vin Paris
ワイン博物館

- 住 Rue des Eaux 75016 Paris
- 駅 Passy（Ⓜ 6）※Passy駅下車、階段を降りて右手に進み、1本目の道がRue des Eaux。この道の一番奥が博物館。

- ☎ 01 45 25 63 26
- 時 10:00～18:00（レストラン：12:00～15:00。予約がベター）
- 休 月、5月1日（レストランのみ休業）
- € 一般：11.9€（日本語オーディオ・ガイド＋グラスワイン1杯つき）、14歳未満：無料（18歳未満はワインの代わりにジュースがつく）ワイン講座：59€～（要予約）※その他、数種の試飲などの料金設定あり。
- 他 日ス 英ス 🚻

http://www.museeduvinparis.com/

Musée Marmottan Monet
マルモッタン美術館

閑静な地に佇む邸宅で印象派の世界に浸る

印象派の巨匠モネが生涯にわたって描き続けた、ジヴェルニーの庭の連作。

世界有数のモネ・コレクション

パリの西、ブローニュの森にもほど近い閑静な高級住宅地の中にある「マルモッタン美術館」。ルーヴル美術館やオルセー美術館に比べて規模は小さいながら、両親世代にもなじみの深い印象派、特にクロード・モネのコレクションで知られている美術館だ。メトロ9番線のLa Muette(ラ・ミュエット)駅から徒歩で7、8分。近隣の家族連れが集まるRanelagh(ラヌラグ)公園を通り抜けて行くルートは、とても気持ちの良い散歩コースだ。

美術史家でコレクターでもあったポール・マルモッタン氏は、自身の館と美術品を美術アカデミーに寄贈するという遺言を遺した。美しい邸宅はそのまま美術館として1934年にオープン。マルモッタン氏自身のコレクションは19世紀のナポレオン統治時代の見事な家具調度品や絵画、本、彫刻などで、今も邸宅を美しく飾っている。美術館はその後、マネやルノワールらのかかりつけ医だったベリオ医師が収集した絵画や、モネの息子からの作品寄贈などを受けて、印象派の殿堂として知られるようになった。

優美な館でのんびりと名画を鑑賞

美術館を代表する絵画が、モネの"Impression, Soleil levant(印象・日の出)"。細部を省き、大胆なタッチで描かれたこの絵は、当時の絵画の伝統からは大きく外れていた。この絵を見た美術評論家が、モネやマネ、シスレーなど、アカデミックな画法に背を向けた若い画家グループの蔑称として呼んだのが「印象派」という名前。しかしその後はご存じの通り、彼らの絵画は世界的に認められるようになる。

さらに見逃せないのは、モネが後半生を過ごしたジヴェルニーの自宅の庭を描いた連作。中でも「睡蓮」のシリーズは、オランジュリー美術館のものが有名だが、ここではより親密な空間で、心ゆくまで作品を楽しむことができる。その他、マネ、ルノワール、シスレー、モリゾなどの作品がある。

この美術館では、早足にたくさんの作品を見るのではなく、時間をかけて作品を鑑賞して欲しい。ガラス越しに見える庭に目を向ければ、手入れされた芝生の緑も美しく、心癒される。優雅な調度品と超一級の美術品に囲まれて、ゆっくりと流れる心豊かな時間が、何よりの旅の思い出になるはずだ。

上：食堂だったところが、そのまま調度品の展示室に。左：緑の芝が美しい庭。

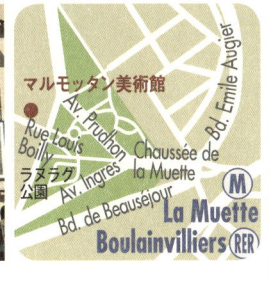

Musée Marmottan Monet
マルモッタン美術館

- 住 2, rue Louis Boilly 75016 Paris
- 駅 La Muette (Ⓜ9)、Boulainvilliers (Ⓡ C)
- ☎ 01 44 96 50 33
- 時 10：00～18：00 (木曜～20：00)
- 休 月、1月1日、5月1日、12月25日
- € 一般：10€、25歳未満の学生：5€
  ※日本語オーディオ・ガイド3€
- 他 🍴

http://www.marmottan.com/

Musée de la Vie Romantique
パリ市立ロマン派美術館

小さな美術館で
ゆったりとした時間を過ごす

ジョルジュ・サンドのアクリル絵画のある「ブルーの小さなサロン」。

大都会のオアシス、隠れ家的な美術館

「ロマン派美術館」。この名前からロマンティックな場所を連想しないだろうか。「ロマン派」とは18〜19世紀のヨーロッパで盛んとなった芸術活動上の潮流。絵画、文学、音楽においてこの言葉は使われ、ローマ時代の古典主義を概念としている。「ロマンティック」の語源はなんと「ローマ」から来ていたのだ。

Chaptal（シャプタル）通りの大木が立ち並ぶ石畳の小さな袋小路を入ると、正面にまるで南仏プロヴァンスにあるような豊かな自然に覆われたピンク色の館が建つ。この隠れ家的美術館の魅力は、巨大美術館の喧噪とは対極にある静けさだろう。緑に囲まれた穏やかな環境で仕事をしているだけに、学芸員達も優しい顔つきなのが印象的。「ご家族で自慢のサロン・ド・テにもお立ち寄りください。天気の良い日には、大都会の中のオアシスを求める人々でテラスは満席ですよ」。確かに庭園で時間を過ごすと、南仏の友人宅に遊びに来たような錯覚を覚えるほど、のんびりとくつろげる。サロンのみの利用も可能だが、美術館の常設展は無料なので、こちらにも足を運んで欲しい。

館に集まった錚々たるメンバーとは

ピンク色の本館はシェフェール＝ルナン館と呼ばれ、常設展の場所。他に2か所の展示フロアがあり、こちらは年に二つのテーマで企画展が開催される（有料）。本館は、19世紀のロマン派の画家、アリ・シェフェールが住んでいたころ、宮廷時代の精神を受け継ぐ「文芸サロン」として、この時代のロマン派芸術家達が集う場所になっていた。このシェ

フェール館に通ったのは、作家のジョルジュ・サンド、フロベール、作曲家のショパン、リスト、ロッシーニ、画家のドラクロワといったメンバー。ジョルジュ・サンドとショパンが一緒に住んでいた家もここから近い。

1986年、鬼才のインテリア・デザイナー、ジャック・ガルシアによって改装され、ロマン派の作品を引き立たせるべくネオ・クラシックに仕上がった。そこにジョルジュ・サンドのサロンが再現され、中央に飾られたポートレートには「男装の麗人」とは思えないほど、優しい女性の姿を見出せるだろう。ジョルジュ・サンドの形見となる宝飾品、彼女が書いた手紙など、ゆかりの品々も展示されている。展示会場には、ショパンのピアノ曲が流れ、優しく詩的な音色からはロマンが漂う。

小さな美術館といっても、嗅覚を刺激する庭園、視覚を刺激する展示品、聴覚を刺激する音楽、味覚を刺激するサロン・ド・テ、草花には触覚…と五感を使って楽しめると同時に、フランスのロマン派流 "Art de Vivre（生活の中のアート）" が学べる素敵な場所だ。

右：パリを離れて田舎町に来たかのように錯覚するほど美しい館。中：サンドの美しい宝飾品も展示されている。左：美術館のメインとなる「ジョルジュ・サンドのサロン」。

Musée de la Vie Romantique
パリ市立ロマン派美術館
住 16, rue Chaptal 75009 Paris
駅 Pigalle (Ⓜ 2, 12)
☎ 01 55 31 95 67
時 10:00〜18:00
休 月、祝
€ 常設展：無料、企画展：7€
他 英入 ♿

http://www.paris.fr/loisirs/musees-expos/musee-de-la-vie-romantique/p5851

Spa L'OCCITANE
スパ・ロクシタン

人気コスメブランドのスパで心身の美を磨く

二人で同時にケアが受けられる「イモーテルの真ん中で」のキャビン。

ナチュラル志向のブランド「ロクシタン」

ロクシタンは、南仏の太陽と自然を彷彿させる、自然派コスメのブランド。その人気の秘密は、花やハーブを使用した香り高い商品と、さらりとした肌触り、さらには、爽やかなブランド・イメージだろう。

ロクシタンの創業は1976年。オリヴィエ・ボーサンさんが、蒸留機でローズマリーの鮮度の高いエッセンシャル・オイルを作ったことから始まる。植物療法による商品には、創業者であるオリヴィエさんの信念から、すべての原料は100％ナチュラルであることや、動物実験を経ていないことなど、地球に、そして人々に対して優しい配慮を示している。改めて、フランスのBio（オーガニック）コスメ事情を賞賛せずにいられない。実際、パリでは、有名ブランド以上に、ドクター・コスメやBioコスメが日常的にパリジェンヌの注目を集めている。

「スパ・ロクシタン」は、セーヌ左岸、世界一の歴史を持つデパート、ボン・マルシェの前にあり、1階には、ロクシタンの商品が買えるブティックも併設されている。店内の階

段を上った2階がスパ。南仏のアルル以南に広がるカマルグをイメージしている。このカマルグは、ローヌ川から地中海に囲まれた湿地帯で、ここはフランス？と思えるほど野生が残された稲作地帯。米の生産以上に、日本ではフルール・ド・セル（塩）で有名なところ。そのカマルグのナチュラルさやフレッシュ感が体感できるように、スパの部屋もカマルグを思わせる内装になったそうだ。

母娘で一緒にトリートメントを受けられる

ロクシタンの商品のみを使った贅沢なトリートメントは、母娘でのパリ滞在中なら、二人同時に受けられるケアをおすすめしたい。メニューのひとつ、"Tête à tête en Provence - pour elle et lui"は、「プロヴァンスで差し向かい—彼女と彼のために」という、本来カップル向けのものだが、親子でも選べる。"Au Cœur de l'Immortelle（イモーテルの真ん中で）"というロクシタン人気の製品の名を冠した部屋には、ケア用のベッドが2台に浴槽まであり、ラグジュアリーな気分で疲れも癒せそう。いつまでも輝き続けて欲しいお母さんと一緒に、パリジェンヌ風の女磨きを体験してみたい。

右上：南仏風のカウンセリング・ルーム。左：ケアで使うロクシタンの商品。

Spa L'OCCITANE
スパ・ロクシタン

住 47, rue de Sèvres 75006 Paris
駅 Sèvres-Babylone （Ⓜ 10, 12）
☎ 01 42 22 88 62（要予約）
時 11:00～19:00（月～水）、10:00～20:00（木）、10:00～19:30（金、土）
休 日
€ 二人用メニュー：205€（1時間25分）、235€（1時間30分）
他 英久

http://spa.loccitane.com/

Les Bains du Marais
レ・バン・デュ・マレ

イスラム風蒸し風呂「ハマム」で旅の疲れを癒す

建物に一歩入ると、まさにオリエンタルなムード。

ローマ帝国時代の浴場文化が起源

いくつになっても自分磨きには努力を惜しまないパリジェンヌ。そんな彼女達の間で人気なのが「ハマム」だ。

ハマムとは、北アフリカから中東で使われる「イスラム風蒸し風呂」のこと。ローマ帝国時代の浴場文化が起源といわれ、イスラムの人達の娯楽や交際の場として庶民に愛されてきた。特に女性にとっては、おしゃべりを楽しめる貴重な場であり、情報収集の場でもあったという。このイスラムの文化が、今や欧米でも定着しつつある。かの映画女優モニカ・ベルッチも愛用しているとか。パリには、このハマムを体験できるサロンがいくつかある。中でもおすすめなのが「レ・バン・デュ・マレ」。コンセプトは地中海とフランス、両方の豪華さを取り入れたハマム、というだけあって、サロンには異国情緒あふれるエキゾチックな空間が広がる。メニューも、蒸し風呂やサウナの他、フェイシャル・エステ、マッサージ、脱毛、ヘアーカット、マニキュアと充実している。落ち着いた雰囲気で全身の美容が受けられるので、パリのおしゃれなマダム達にも人気の場所だ。

気になるハマムの利用方法

ハマムを利用するには、まず電話かメールでの予約が必要だ。平日の昼間は比較的すいているので予約を取りやすい。ただし、女性の日、男性の日、共通の日と分かれているので要注意。また、健康上の理由から、食後3時間経ってからの利用をおすすめしたい。満腹状態で行くのは避けたいところ。

受付で名前を告げると、地下の更衣室へ案内してくれる。ロッカーの中には、バスタオル、スリッパ、バスローブが

上：日本でもおなじみのサウナもある。青い照明が雰囲気を醸し出している。
左上：タイル張りの大きな更衣室。左下：無料サービスのミント・ティー。

入っている。バスローブに着替え、バスタオルを手にいざハマムへ。

バスローブを脱ぎ、扉を開けると、真っ白なユーカリの香る蒸気に包まれる。大理石の寝台に、バスタオルをひいて寝転がる。サウナと違って蒸気があるので、さほど苦しくない。10〜15分もすると汗もたっぷり出て、毛穴も十分に開いてくる。長時間ハマムにいるとのぼせてしまうので、これくらいの時間を目安に小刻みに休憩をとることが大切。共通の日だけは「水着着用」と決まっているが、気になる人は女性の日であっても、水着、特にビキニの下だけでも持って行ったほうがいい。ちなみに常連のマダム達は、水着、バスタオル、水などを持参している。

ハマムを堪能した後は、二つある休憩室〝Salle de Repos（サル・ド・ルポ）〟でひと休み。無料でミント・ティーのサービスが受けられる。汗をかくので、しっかりと水分補給をしよう。最後に更衣室にあるシャワーを浴びて着替える。このときに自ら持参のタオルが活躍する。ハマムの後で小腹がすいたら、併設されたサロン・ド・テでバスローブを着たままランチやディナーを楽しむこともできる。

長時間のフライトに石畳。パリの旅行は、何かとハード。いつの間にか疲れがたまっていることがある。特に年配者と一緒の旅行では、リラックスできるひとときを作っておくことも必要だ。オリエンタル・ムードの中で、親子一緒に旅の疲れを癒してみてはいかがだろう。

上：個室でマッサージなども受けられる。下：休憩室のひとつ。この部屋での私語は禁止されている。

Les Bains du Marais
レ・バン・デュ・マレ

- 住 33, rue des Blancs-Manteaux 75004 Paris
- 駅 Rambuteau (M) 11
- ☎ 01 44 61 02 02
- ✉ contact@lesbainsdumarais.com

- 時 女性の日：10:00～20:00（月）、10:00～23:00（火）、10:00～19:00（水）
  男性の日：10:00～23:00（木）、10:00～20:00（金）
  共通の日（要水着着用）：19:00～23:00（水）、10:00～20:00（土）、10:00～23:00（日、祝日の木・金）
- € ハマム＆サウナ、休憩室の使用：35€（バスローブ、タオル、スリッパつき）、オリエンタル・ゴマージュ（あかすり）：35€、ハマム＆サウナ＋オリエンタル・ゴマージュ：70€（要2時間）
  ※レストラン、美容室だけの利用も可能。
- 他

http://www.lesbainsdumarais.fr/

緑と花に覆われた美しいパドック。レース前に馬と観客がフィーリングを合わせる大事なひととき。

Hippodrome de Longchamp
ロンシャン競馬場

フランス伝統のレジャー競馬に挑戦する

街中で馬券が買える競馬大国フランス

「ロンシャン競馬場」の噂を日本で聞くようになったのは、武豊騎手が出場したPrix de l'Arc de Triomphe（凱旋門賞）だっただろうか。この賞は世界中の競馬ファンが注目する、ヨーロッパ最高峰のレースだ。

フランスはアメリカ、イギリスに並ぶ競馬大国。世界でも質の高い競馬が見られる。パリの至るところで〝PMU〟という看板を見かけるだろう。これは、場外馬券売り場であり、通常、カフェと併設されている。コーヒーやビールを飲みながら新聞片手に馬券を買い、テレビで競馬を見ながら声援を送り、その場で清算ができる。ここは、競馬場の雰囲気というよりも、競馬というゲームを楽しむお父さん世代であふれる独特な世界だ。フランスではほぼ毎日、どこかの競馬場で競馬が行われているという事実から、PMUカフェの繁盛も窺える。彼らにとって、競馬は日常生活に根づいているのだ。

美しい競馬場でピクニックもできる

せっかくパリを訪れたなら、歴史ある競馬場に足を運んで

みて欲しい。日本の競馬場とは雰囲気が違う。パリ周辺には約10か所の競馬場があるが、ロンシャン競馬場は、世界でもっとも美しい競馬場といわれ、その歴史も古い。18世紀、ルイ16世の治世下では、ロンシャン競馬場の前身として、パリ市内のシャン・ド・マルス公園で王族貴族に向けた競馬が開催されていた。権力を誇示する格好の場であり、そのために上質の馬を購入していたわけだ。19世紀に入り、競馬は一般にも公開されるレジャーとなった。同時に、ナポレオン3世と、当時のパリ市長の提案により、競馬場は広いブローニュの森に移転した。これが、現在のロンシャン競馬場。パリの人々の憩いの場所となるブローニュの森の一画にあり、王族貴族のための競技であった偉大な歴史を受け継ぐ優美さが感じられる。

同じくお父さん達の溜まり場である日本の競馬場とは似て非なるものがある。パリ郊外のシャンティイ競馬場で開催されるディアヌ賞などは、女性達が美を競う祭典にもなっている。それほどエレガントな場所なのだ。

通常は、パリのPMUで馬券を買って競馬を楽しんでいるが、ときにはロンシャン競馬場へ足を運ぶという競馬ファン

右上：VIP席から双眼鏡で競技を望む人々の姿。花に囲まれ、社交界のムード。右下：競馬が始まる前に、本日の勝ち馬について談義する。左：眺めるだけでも楽しめる競馬場。

が語る。「テレビの画面から見られる勝ち負けのゲームとは異なり、ここには、ひとつのスペクタクルが展開されるんです。この美しい競馬場では、散策もひとつの楽しみ。心地良い時間を過ごせます。森に囲まれていて緑が多く、芝生も綺麗。敷地が広いのでレース場を囲むようにピクニックや散歩ができます。カフェもあって優雅ですよ。PMUカフェより、健康的で健全といったところでしょうか。あとは、少しでも稼げたら、喜びは倍増するのですけどね」。

1920年から開催され、2012年で91回目を迎えた凱旋門賞は、総賞金額が400万€となり、世界で1位、2位を争う賞金額の高い競馬賞。必然的に、盛装で訪れる客も多く、華やかな祭典となる（なお、競馬場改装のため、2013年度の凱旋門賞はシャンティイ競馬場で開催予定）。

馬券を買わなくてもいい。競馬に興味がなくても大丈夫。新緑の芝生が絨毯のように広がるロンシャン競馬場に散歩に行くだけでも、「もうひとつのパリ」に出合ったような気持ちになる。競馬を見ながら場内のレストランで食事をするのも一案だ。

騎手達が真剣勝負に挑む姿もまた凛々しい。

Hippodrome de Longchamp
ロンシャン競馬場

住 Route des Tribunes 75116 Paris
交 メトロ1号線Porte Maillot駅から244番のバスに乗って約10分。Carrefour de Longchamp下車。またはメトロ10号線Porte d'Auteuil駅からバス244N番に乗り、Carrefour de Longchamp下車。日曜・祝日にはこの二つのメトロの駅から無料のシャトルバスが出ている。

☎ 01 44 30 75 00
€ 入場券：3€（平日）、4€（日、祝、凱旋門賞前日の土）、8€（凱旋門賞）
※馬券は、構内にある発売窓口で次回のレースの馬券を購入する。

他

http://www.france-galop.com/Hippodrome-de-Longchamp.2830.0.html

生き生きとパリで暮らす大人達へインタビュー

90歳を超えて、なお現役で会長を務めるパリジャン、マルタンさんと、長年パリに住む加藤昌子さん。ご友人であるお二人に、フランス人の生き方や親子関係についてお話を伺った。

取材協力：Dorée Kami Co.,LTD France 代表 畠山奈保美
通訳・翻訳：日原知子

― お二人のライフワークについて教えてください。

マルタンさん 思春期のころから読書が好きで、さまざまな文学に興味を持ち、本を読みあさりました。1941年ごろから、自分でも詩や短編小説を書き始めました。その情熱は冷めることなく現在まで続いています。2005年に日本人アーティストの畠山奈保美さんに出会い、インスピレーションを受けて長編小説に挑戦しました。

彼女の人生が、その強い個性を作ったのだと知って、小説の中で語ろうと思ったんです。"La Flèche d'or（黄金の矢）"というタイトルで出版され、私が名誉会長を務めるドレカミ倶楽部のウェブ・サイトや、Amazon.frで販売されています。。

昌子さん 私は20年前からライオンズクラブの慈善活動に参加しています。この団体の人道的な活動に賛同し、今日まで続けてきたのです。また、週に1回教会で聖書を読む会に参加したり、孫の世話をしたり、現役を引退したとはいうものの、毎日何かと忙しい日々を過ごしています。

― フランス人の親子関係についてどう思いますか？

マルタンさん 一概には言えませんが、他国と比べてみると、フランスでは家族が子どもをしつけ、親が人生においてもさまざまなものをもたらすといった風潮が見られると思います。私が親子関係で大切だと思

うのは、相互関係と良い意味で一定の距離を持つことでしょうか。現在は、昔よりも親子関係はバランスが取れていると言えるかもしれません。少しだけ、今の子どもの方が自由かもしれませんね。

昌子さん 日本と比べると、フランスの子どもは早く独立しますね。ある一定の年齢になると、お互いに独立して、あまり世話になりたくないと言いますか。フランスでは、親が自分の人生を楽しむことで、子ども達を独立させるといった考えもあるように思います。しかし、現状では失業が増えて、なかなか経済的に親からの独立が難しくなってきているのが問題です。

―フランス人シニアが輝く秘訣は何だと思いますか?

マルタンさん 私のまわりでは、80歳を過ぎても未来を見ながら、物事に取り組んでいる人達が沢山います。そのひとりで、個人的にも親交のあった、ルイーズ・ヴェイス女史

(ヨーロッパ議会で、初の女性議長となった方)は、90歳で亡くなりましたが、亡くなる前日まで仕事をして、将来どんなことをしようかと考えながら、前を向いて生きていた、素晴らしい女性でした。彼女のように年齢を気にせずに、将来に向かって生きるのは大事なことです。それから、健康、知的好奇心、経済力の三つを均等に得ていることが充実したシニア生活において大切となってくるのではないでしょうか。

昌子さん 一方で、たとえ経済力に乏しくても、それなりに人生を楽しむシニアが多いのがフランスです。また、この国は、昔からのカトリックの国ということもあって意外と慈善活動が盛んです。Servir(セルヴィール)といって、人の為に何か役立つことをして、それが自分の喜びとなるという精神が根底に残っています。そういう輝く人達に数多く出会えているのも、私の幸せのひとつです。

Hubert Martin(ユベール・マルタン)さん
1920年マルセイユ生まれ。HEC(高等商業大学院)を経て、CPA(Centre de Perfectionnement aux Affaires)にて法律と経済学の博士号を取得。1948年から2003年までフランス内外の銀行の頭取に就く。2011年まで国際商業会議所の国家顧問を務める。現在、ポール・クローデル協会会長、畠山奈保美が代表のドレカミ倶楽部フランス名誉会長。
ドレカミ倶楽部オフィシャル・サイト　http://www.doreekami.com/

加藤昌子さん
パリで抽象画家として活躍された故・加藤一(はじめ)氏夫人。横浜雙葉学園、東大教養学部教養学科フランス分科卒。1958年初渡仏。1999年まで電通パリ駐在員(嘱託)。フランス国籍を持つ11歳の女児の祖母。現在パリ在住。
加藤一 オフィシャル・サイト　http://www.hajimekato.com/

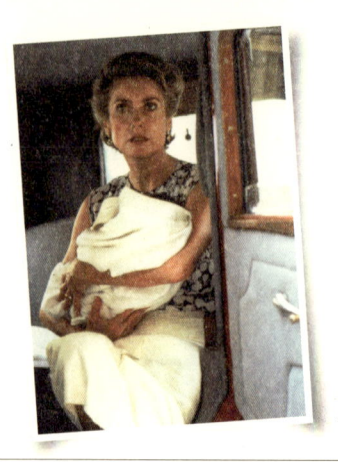

フランスの俳優達が魅力的な理由

映画『インドシナ』の主演女優カトリーヌ・ドヌーヴ。

「今」が最高に美しい人達

カトリーヌ・ドヌーヴは30歳のとき、「女が最高に美しいのは30代だ」と語り、40代では40代が最高だと語った。彼女は49歳のときの『インドシナ』（1992年）で、熟女としての魅力を最大限に表現していた。そして68歳になった現在、フランス屈指の大女優として人生最高の美を見せている。

フランスの女優達はシニアの域に達しても輝き続けている。ジェーン・バーキンは、皺ができても気にせず笑うし、現在84歳のジャンヌ・モローに至っては皺があろうとも、生き生きとして見える。不自然なこと、自分らしくないことを嫌う彼女達は、むしろ、白髪や皺を武器にするのだろう。だからこそ30年前とも、20年前とも異なる、昨日とも違う、「今」を自分らしく生きることを楽しんでいるに違いない。

さて、男優はといえば、フランスでは二枚目であること以上に、その人の持つ「味」が評価される。日本でも人気のイヴ・モンタンは、若い当時は粗削りで男気の強さが気になったが、年々、味が出るとともに男の色気が加わっていった。自伝ともいえる映画『想い出のマルセイユ』（1988年）では67歳にしてしゃれたダンスを披露。なんと魅力的だったことか。

歳を取ることは、経験を積み重ねて自分らしさを形成していくことだと彼らは教えてくれる。実にポジティヴな人生哲学ではないだろうか。

『インドシナ』HDリマスター版
好評リリース中　¥3,990（税込）
発売・レンタル販売元：カルチュア・パブリッシャーズ／セル販売元：東宝株式会社
©1991-Studiocanal-Bac Films-TF1 Films Production-Orly Films-Tous droits réservés

Chapitre 3

想い出の品も買える
ショッピング・アドレス

右：フェルト帽145€〜、パナマ帽95€〜。
中：店内は落ち着いた空間。左：パリジェンヌらしい、さりげないおしゃれが得意なオーナー兼デザイナーのスリーズさん。

La Cerise sur le Chapeau
ラ・スリーズ・シュル・ル・シャポー

おしゃれ心あふれる
セミオーダーの帽子店

クラシックな帽子が現代的な色をまとって蘇る

　パリ左岸、サン・シュルピス教会のそばにあるセミオーダーの帽子店「ラ・スリーズ・シュル・ル・シャポー」。アトリエ兼ブティックのウインドウには色鮮やかな帽子がいくつも飾られて、道行く人がみな立ち止まって眺めていく。
　店内は、古い映画のポスターが飾られ、カラフルな帽子、リボンなどが美しくディスプレイされた居心地の良い空間。帽子とコーディネートできるユニセックスのコートや靴も販売されている。まずはゆっくりと両親や自分の好みの帽子の型を探すところからスタートだ。中折れ帽、幅広タイプなどの形と、秋冬ならフェルト、夏ならパナマなどの素材が選べる。頭のサイズを測ってもらい、肝心の色選びへ。とにかく色の選択肢が豊富で、その数20色以上。ベース・カラーはもちろん、グログランリボン（帽子をぐるりと囲むリボン）や、リボンの通し輪の部分にもワンポイント・カラーが選べる。いくつも試着して、店員さんのアドバイスなども聞きながら、自分にぴったりの帽子選びが終わると、アトリエで最終的な仕上げが行われる。

お店のオーナー兼デザイナーは、スリーズさんというまだ30代の魅力的な女性。以前はパリの由緒ある公共オークション会場「ドルオー」で鑑定人として働いていたという経歴の持ち主。プライベートでは、1歳の幼い子どもを持つワーキング・ママでもある。

古い映画の俳優のように決まるスタイル

帽子のセミオーダーというアイデアの出発点となったのは、スリーズさんが幼いころの記憶に残っているという、祖父が被っていた帽子。その普遍的なスタイルを、現代的なデザインで蘇らせるのが狙いだった。クラシックな雰囲気は残しつつ、発色や組み合わせなど細部をモダンなテイストにした、ユニセックスの帽子を提案。セレモニーで被る仰々しい帽子や、日よけとしての帽子ではなく、新しい帽子スタイルが生まれた。

ちなみに、店名の由来は"La cerise sur le gâteau"、つまりいいことが重なる、というフランス語の言い回しと名前をかけたもので、明るいカラーに満ちて幸せあふ

発色の美しい帽子がスリーズさんの手で丁寧に作られる。

れるようなお店の雰囲気にぴったり。オープンしてまだ7年だが、多くのファッション誌で取り上げられ、モデルやスタイリストにもファンが多い。日本のセレクト・ショップからの注文もあるという。P56のインタビューにも登場してくれた元銀行家のマルタンさんもこの店の帽子の愛用者だ。シンプルなファッションにもこの帽子を合わせるだけで、昔の映

画の俳優のように、雰囲気のあるスタイルが出来上がる。スーツ姿も、この帽子を被るだけでぐっと粋になる。
この店のサイト上でも、クリックひとつで色や形の組み合わせが再現できる。お店に足を運ぶ前に、サイトで一度イメージをつかんでおくのも良いアイデアだ。お父さんには、往年の名優アラン・ドロン風に渋く決まる中折れ帽がおすすめ。親子で、夫婦で、色違いのお揃いを注文するのも楽しい。

帽子とコーディネートできるコートや靴も扱っている。

La Cerise sur le Chapeau
ラ・スリーズ・シュル・ル・シャポー

住 11, rue Cassette 75006 Paris
駅 Saint-Sulpice (Ⓜ 4)
☎ 01 45 49 90 53
時 11:00～19:00
休 日、月、祝
http://www.lacerisesurlechapeau.com/

※セミオーダーの帽子は、通常1日～数日かかるが、旅行者であることを伝えておくと早めに仕上げてもらえる。

Parfum sur Mesure
パルファム・シュル・ムジュール

自分だけの香りが作れるオーダーメイドの香水店

カウンセリングで香りを聞き出すステファニーさん(左)。

フランス人に欠かせない香水文化

香水といえば南フランス、グラースの街を思い浮かべる人も多いだろう。フランスの高級ブランドの香水を作り、世界にその名を馳せている。

日本では、ちょっとしたお出かけ時のエチケットとして使われる香水だが、ヨーロッパの歴史上では、もっと深刻な役割を果たしていたのはご存じだろうか。意外に思えるだろうが、王宮であるヴェルサイユ宮殿にはトイレが少なかった。とすれば一般生活のレベルではもっとひどかっただろうし、さらには、入浴が習慣化されていなかったので、衛生状態は悪かった。実は、香水はそのための防臭対策だったのだ。パリでは今でも浴槽つきのアパルトマンは少なく、シャワーのみを好むフランス人は多い。

そんな、実用的な道具であったはずの香水は、フランス人の日常的な習慣となり、文化となった。「必要性」から「芸術」に発展させたフランスの美的感覚はさすがだと感心する。その陰には太陽王と呼ばれたルイ14世あり。防臭対策とはいえ、王自身も香水を愛用すると同時に、産業としても大いに

— 63 —

発展させたという。

オーダーメイドで自分だけの香水を

香水が文化としても花開くフランスにおいて、自分のための香水選びは至福の喜びだ。パリには、香水をオーダーメイドできる店がある。有名ブランドの香水も魅力的だが、自分だけの香りを作ってみるのはいかがだろうか。

セーヌ左岸のサン・ジェルマン・デ・プレ地区。賑やかな商店街とは異なり、ギャラリーや骨董店が建ち並び、高級感あふれるUniversité（ユニヴェルシテ）通りにその店はある。

その名も"Parfum sur Mesure（オーダーメイドの香水）"。オーナー兼調香師のステファニー・ド・ブリュインヌさんは、コンセルヴァトワール（国立高等音楽院）でピアノを学んだ後、グラースで調香を学ぶ。有名なコンクールで優勝した経験を経て、2008年にオープンしたこの店は、猫の額ほどの広さとはいえ、黒の調度品が骨董店、もしくは宝飾店を思わせる魅惑的な店だ。

オーダーメイドの流れを説明しよう。まずは香りのカウンセリング。ここでは、普段身につけている香水や好みの香りを伝える。それを参考に50種類の中からベースの香りを数種

上：クラシックで素敵な香水瓶。中：小さなブティックの奥で丁寧に調香するステファニーさん。下：オートクチュールでは要望に応じた香水瓶が用意される。

類選ぶ。次に調香するマティエール・プルミエール（原料）を300種類の中から、同じく数種類選ぶ。ここまでが第1段階。後日、ステファニーさんによって調香された3種類の香りから1種類を選び、自分の香りの出来上がり。100ミリリットルで600€とリッチな買い物だが、パリという香水の街において、自分だけの香りを作ることは貴重な体験だ。ステファニーさんによって調香された現存の香りをベースに、お任せで調香する110€のリーズナブルなコース、さらには、オートクチュールと称され、香水瓶にまでこだわることのできる3000€の豪華版もある。

一度注文すれば、配合は記録されているので、次の旅行でまた同じものをオーダーできる。自分だけの香りを生涯使い続けられ、その都度、パリの親子旅を思い出す宝物になるだろう。

上：数十種類の香りの中から好みを探す。下右：パリならではのセンスが感じられるディスプレイ。下左：黒で高級感を出し、リバティの壁布が温かみを与えてくれる素敵な店内。

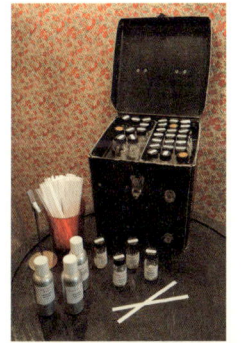

Parfum sur Mesure
パルファム・シュル・ムジュール

住 52, rue de l'Université
75007 Paris
駅 Rue du Bac (Ⓜ 12)
☎ 01 47 34 58 25（要予約）
時 13:00～19:00
休 日、月
他 英ス

http://www.parfumsurmesure.com/
※オーダーした香水は1～2週間かかるので旅行の最初に行くのがベスト。日本への郵送も可能。

JB Guanti
ジービー・グアンティ

フランス女優気分になれる革手袋専門店

種類の豊富な革手袋はすべて手作り。手袋に合うバッグもあって、トータル・コーディネートが可能。

上品な手袋は淑女のしるし

映画"Belle de Jour (昼顔)"のカトリーヌ・ドヌーヴは、思わず見とれてしまうほど美しい。貞淑な妻の心の闇を描いたこの映画。従順な妻の手には、シンボルのように革の手袋がはめられていた。フランス映画に登場する淑女達はみな、優雅に手袋を操る。ときに大胆に、ときに控えめに。

マドレーヌ寺院のそばにある「ジービー・グアンティ」は、パリジェンヌ御用達の手袋専門店。ここに来ればTPOに合わせて手袋を選ぶことができる。店内に一歩入ると、革の心地良い香りに包まれる。ここで扱う革手袋は、すべてイタリアのハンドメイド。吟味された素材と色、ディテールへのこだわりに、オーナーの高い美意識を感じる。定番のアイテムは、Kid (子ヤギ) の革を使用した裏地のない"Non-Double (ノン・ドゥーブレ)"タイプ (39€) だ。また、シルクの裏地がついた"Doublé Soie (ドゥーブレ・ソワ)" (49€〜) や、カシミアの裏地がついた"Doublé Cashmere (ドゥーブレ・カシュミール)" (49€〜)、ヒツジの毛がついた"Intérieur Mouton (アンテリウール・ムートン)" (89€)、さらには、

うさぎの毛皮をあしらった"Fourré Lapin（フレ・ラパン）"（62€〜）など、バリエーションも豊富。もちろん、人気のペッカリーの革の手袋も用意されている。

自分にぴったりの手袋を見つける

手袋を選ぶポイントは、中指の付け根からの長さを測ること。この長さがそのまま手袋のサイズになる。つまり、中指の長さが7センチメートルだった場合、その数字の「7」が手袋のサイズになる。手袋は靴選びと同じように、自分にぴったりのものを選んで購入したい。

手袋は手を守るという重要な役割も担っている。例えば、人気のドライビング・グローブは見た目にもとてもエレガントなだけでなく、手を保護する役目もある。特にハンドルの重いクラシック・カーを運転するときは、手袋をつけたときの安心感と快適さは言うまでもない。最近では、自転車に乗る若いパリジェンヌ達にも人気があるそうだ。

店では、手袋に似合うバッグも提案している。日本人のスタッフもいるので、アドバイスをもらいながら、フランスの女優のようなエレガントな女性に母娘で変身してみては？

右：アドバイスをしてくれるスタッフ。自分の手にぴったりしたものを選びたい。中：選ぶときの参考になるディスプレイ。左：天井まで並ぶ手袋の棚はまるで宝箱。

JB Guanti
ジービー・グアンティ

住 18, rue Tronchet 75008 Paris
駅 Havre-Caumartin （M 3, 9）
☎ 01 47 42 61 44
時 10 :00〜19 :00
休 日
他 日ス
http://www.jbguanti.fr/

E. Dehillerin
ウー・ドゥイルラン

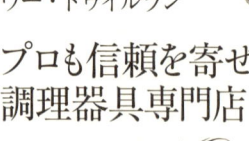

プロも信頼を寄せる
調理器具専門店

老舗の風格を感じる店内。圧倒的な商品量で、見ているだけでも飽きない。

フランスの食文化を支える老舗

　もうじき創業100周年を迎えるという老舗の調理器具専門店「ウー・ドゥイルラン」。1971年まではこの店の目前に「パリの胃袋」と呼ばれたレ・アル中央市場があり、肉、野菜、魚などの屋台が無数に並んでいた。ウー・ドゥイルランはもともとこの市場で働く業者達のための専門店だったのだ。現在、市場はパリ南郊外のランジスにすべて移転してしまったが、ウー・ドゥイルランは健在。界隈に今も残る数少ない専門店のひとつとなった。風格あるレトロな緑の看板の下にある小さな入り口は一見入りにくそうだが、開店直後から老若男女のお客さんがひっきりなしに訪れる。プロのシェフ風の人、近所のファミリー、欧米や日本からの観光客の姿も目につく。

　店に一歩足を踏み入れてまず目を引くのが、ぴかぴかに磨き上げられた銅製の手鍋の数々。その奥の細い通路に分かれた店内は、天井から床まで、鍋やミキサー、製菓用品、カトラリーなどが並んでいる。圧倒されるほどの品数と種類が並び、問屋や倉庫のような雰囲気だ。地下1階に下りてさらに驚く。これこそプロ用という巨大な寸胴鍋、1メートルはありそうなオードブル皿などが存在感を放つ。日本でも人気の高いストウブ社のミニ・ココット（41・45€〜）のバリエーションも豊富。フランスの食文化の裏側を覗くようにワクワクして、あっという間に時間が過ぎて行くはず。

専門店ならではの頼れるアドバイザー

　シェフやパティシエのような食のプロ達もたくさん来ている。彼らは目当てのものが決まっているのか、まっすぐ品物

お土産にもなりそうな抜き型（3€〜）も種類豊富。

デパートなどに比べて価格も抑えめ。プロの料理人らしき人達が真剣に商品を選ぶ様子も見られる。中央の写真に写っているのが、頼れるアドバイザーのジャンさん。

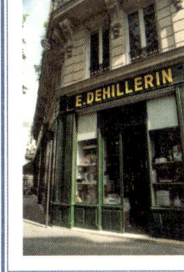

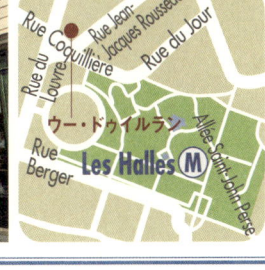

に向かい、カタログを吟味している。初めて訪れる身としては、魔女の台所に迷い込んだようにウロウロ。しかも商品には値段が書かれていないので一瞬ためらってしまう。実はこの店では、商品には値札ではなく番号が貼られていて、近くに置かれているカタログを見て価格を参照する仕組み。慣れないとこの表示が分かりづらいが、そんなときは店員さんがすぐに助けてくれる。彼らはみな勤続20年、30年のベテラン。売り子というよりはアドバイザーという形容がふさわしく、専門知識も豊富で頼れる存在。英語での対応も可能だ。

鍋、フライパンの類は重くて日本に持ち帰れないという人には、お菓子作りのための型など、ちょっとした器具も充実している。「ここに来れば何でも揃う」とは店員ジャンさんの言葉だが、決して誇張ではない。豊富な品揃えの中から、親子2代で使い込んで行きたいと思える名品に出合えるはずだ。

E. Dehillerin
ウー・ドゥイルラン

住 18-20, rue Coquillière 75001 Paris
駅 Les Halles (Ⓜ 4)
☎ 01 42 36 53 13
時 9：00〜12：30/14：00〜18：00（月）、
　 9：00〜18：00（火〜土）
休 日、祝
他 英ス
http://www.e-dehillerin.fr/

Magasin Sennelier
マガザン・セヌリエ

印象派の画家達も通った老舗の画材道具店

昔ながらの棚に画材道具がびっしり並ぶ。白衣のスタッフが要望に合った画材を提案してくれる。

名画を生み出したセヌリエの絵道具

画材道具の老舗、「セヌリエ」の木造りの店内に足を踏み入れると、そこには、華やかに踊る色、色、色！　思わず絵心が生まれそうだ。実はこの店、誰もがその名を知る偉大な画家達が贔屓にしていた店なのだ。

「まずは、アマチュアありき」と話すのは、3代目のオーナー、ドミニク・セヌリエさん。「プロの画家も、もちろん訪れます。そして、他に職を持っている多くの方もまた、画材道具を買いに来ます。余暇に絵を楽しむ人達ですね。彼らに細心の注意を払ってアドバイスができるように、私達がいるのです」。絵心のある人々を大切にする気持ちを表現するドミニクさん。老舗でありながら、決してハードルが高くないことを感じさせる。

1887年創業。化学者であり、絵の具作りに才のあったギュスタブ・セヌリエ氏は、現在と同じ、ルーヴル美術館の対岸に店を構えた。エコール・デ・ボザール（パリ国立高等美術学校）にも近い。彼が作り上げる絵の具の色に、著名な画家達も魅了された。その画家とは、ピカソであり、セザン

ヌであり、ピサロであった。かの印象派の巨匠、モネも、光あふれる自然の風景をセヌリエの絵の具で描いたという。パリの画家達にとって、自分が表現したい色を得ることは最大の喜び。セヌリエ氏と画家達との間でさまざまな色が生まれて来たというのは、芸術の街、パリにふさわしい逸話だ。

画材への敬意が顧客の心をつかむ

「私は3代目で、娘が4代目なんです」と言うドミニクさんの目には、メゾンを守ってきた誇りとともに、娘さんへの大きな期待が窺える。ひと言ひと言が力強く優しい。3代目自ら、丁寧にお客さんに声をかける。同様に、画材に対しても敬意を示すセヌリエのスタッフ達。だからこそ、画材に関する最適なアドバイスができるのだ。

セヌリエには、絵の具の他にも多種多様な画材が揃っている。例えば、はがきサイズの紙と好きな色のクレヨンを買って、パリを訪れて感じたこと、見たものを描いてみる。簡単でいい。小さなハガキに描かれた絵とはいえ、生涯の思い出に残る宝物になるに違いない。セヌリエは、そんなきっかけを与えてくれる。

右上:オリジナルのパステルは全120色、1本1.52€。右下:クロッキー帳3.84〜5.79€。ペンシル1本2.66€。左:接客中のドミニクさん。

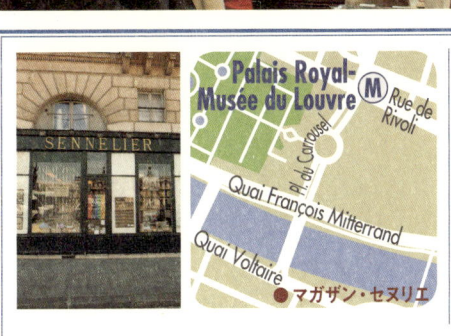

Magasin Sennelier
マガザン・セヌリエ

住 3, quai Voltaire 75007 Paris
駅 Palais Royal-Musée du Louvre
　（Ⓜ 1, 7）
☎ 01 42 60 72 15
時 14:00〜18:30（月）、
　10:00〜12:45/14:00〜18:30（火〜土）
休 日
他 英ス
http://www.magasinsennelier.com/

Ultramod
ウルトラモッド

1800年代から続く
手芸材料の専門店

どの商品も迷うほどの品揃え。特にリボンは、サテン、ビロード、刺繍の入ったものなど種類も色もさまざま。

店内にはフレンチなアイテムがいっぱい

世界の手芸ファンから愛される手芸店「ウルトラモッド」。クラシックな佇まいの店の扉を開けると、あふれるほどたくさんの色が目に飛び込んでくる。現代のものとヴィンテージのリボン、ボタン、刺繍糸、紐、フリンジなど、手芸好きが喜ぶアイテムが揃っている。この界隈は、かつて帽子屋が軒を連ねる街だった。時代の流れとともにその数が減り、最後に残ったのがウルトラモッドだった。1800年代から続く帽子の材料店として存続して来られたのは、この店に惚れ込んだ代々のオーナー達が支えてきたおかげだという。

パリジェンヌ達のアイデアが生まれる場所

店に来る人は、大半が年配のマダム達。「セーターのボタンを換えたい」「今作っている作品の刺繍糸が欲しい」「帽子の飾りが欲しい」など、さまざまな目的で店を訪れる。好きなものをとことん修理して、あるいはリメイクして自分流に仕立てて使い続ける才能には脱帽するばかりだ。例えば、バーゲンで買ったセーターやワンピースもボタンを換えるだけで、世界でたった1枚、自分だけのオリジナルになる。結婚式に参列するときも、ドレスにリボンをつけたり、ドレスと同じ色のコサージュを帽子につけたりしてちょっとした工夫をする。そんな小さなアイデアがパリジェンヌ達の日常を豊かにしている。

手持ちの洋服のボタンを換えたいときのアドバイス。実物を持って来られない場合は、ボタン・ホールの大きさと数をメモして来て欲しい。写真もあるともっと良い。じっくりと時間をかけて、ぴったりのボタンを見つけよう。

上:プロの帽子職人さん。「ここに来れば大抵気に入ったものや必要なものが見つかるわ」。下:見ているだけでも楽しい店内。創作意欲がどんどん湧いてくる。

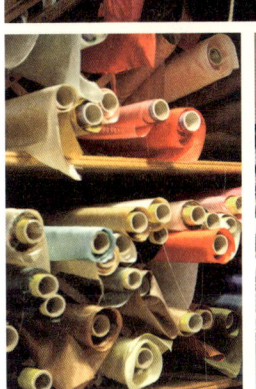

ありがたいことに、この店には二人の日本人スタッフが勤めている。もも子さんとえりさん。二人とも商品に詳しい頼れるスタッフだ。材料選びの微妙なところも日本語で相談できるのが嬉しい。営業時間が午後6時までなので、お昼の時間帯はかなり混み合う。ゆっくり選びたいときには、少し時間をずらして行くことをおすすめしたい。

ちなみに、向かいの別館は、アンティークのソファーの飾りや帽子材料が集められたブティック。買い物もできるが、美術館感覚でも楽しめる。

Ultramod
ウルトラモッド

住 4, rue de Choiseul 75002 Paris
駅 Quatre Septembre (Ⓜ 3)
☎ 01 42 96 98 30
時 10:00〜18:00
　(8月は10:30〜17:30)
休 土、日、祝
他 日ス

A L'ÉTOILE D'OR
ア・レトワール・ドール

フランス各地の銘菓が揃う
お菓子のセレクト・ショップ

フランス全土から集まる選りすぐりの銘菓でいっぱいの店内。

モンマルトルの伝説的オーナー

パリジェンヌにとってお菓子は欠かせない存在。とはいえ、数あるパリのお菓子屋の中から、美味しい店を探し出すのはフランス人でも難しい。

そんな方におすすめなのが、パリのモンマルトルにある「ア・レトワール・ドール」だ。ここは、フランス各地の銘菓を扱う、ショコラとコンフィズリー（砂糖菓子）のセレクト・ショップ。1900年ごろから続く店は、まるで古いフランス映画に出て来そうな雰囲気の店。美味しいお菓子を求めて、連日世界中からファンがやって来る。ときには60人ものアメリカ人がバスを貸し切ってやって来ることもある。

店を切り盛りするのは、主人のドゥニーズ・アカボさん。世界のメディアに取り上げられたため、今やモンマルトルの生ける伝説。有名人になっても、少しも偉ぶることがなく誰にでも気さくな彼女。長年の経験から、店に入ってきた人がどこの国の人かを言い当てられるのがご自慢。商品について聞くと、愛情を込めて饒舌に説明してくれる。

お菓子職人達が認める店

気さくなドゥニーズさんも、お菓子のチョイスについてはとても厳しい。有機栽培を使った良質なものから、職人が材料にこだわったものまで、店内には最高品質のものばかりが揃っている。そのため、職人達からの信頼も厚い。例えばリヨンの老舗ショコラティエ "Bernachon（ベルナション）" のチョコレートは、本店以外ではここでしか手に入らない。この他にも、トゥルーズ、ディジョン、ボルドー、ブルターニュとフランス各地から選りすぐりのチョコレートが集めら

れている。いずれも、ドゥニーズさんのお眼鏡にかなったものばかり（100グラム13€）。チョコレート以外には、キャラメルやヌガー、ときには季節限定の商品も並ぶ。ドゥニーズさんのこだわりは、お菓子のパッケージにまで及ぶ。パッケージの紙はエピナル版画を利用した特注品。"Devinette（ドゥヴィネット なぞなぞ遊び）" と呼ばれるシリーズで、だまし絵のようなものが描かれている。ドゥニーズさんは「私が子どものころ、大人しくしていたり、宿題をきちんとしていたりすると、ご褒美にこれと同じ絵をもらったのよ。嬉しかったわ。でも世界中でこんなことをしているのは私だけね」と楽しそうに話す。ドゥニーズさんに会うだけで元気になれそうだ。

上：「確かな有機栽培のものにこだわる」とドゥニーズさん。下：厳選されたショコラ。
右：ドゥニーズさんの思い出がいっぱい詰まった包み紙。

A L'ÉTOILE D'OR
ア・レトワール・ドール

住 30, rue Pierre Fontaine
　　75009 Paris
駅 Blanche（Ⓜ2）
☎ 01 48 74 59 55
時 15:00～19:30（月）、
　　10:00～19:30（火～土）
休 日、7月中旬～8月末

La Tuile à Loup
ラ・チュイル・ア・ルー

職人の心が伝わる
フランス伝統工芸品店

フランス全土の伝統民芸を現代風にアレンジした手作りの逸品が多い。

職人手作りの伝統工芸が揃う店

　パリ左岸のカルチェ・ラタンの一画、パリらしい風景と活気を見せてくれるムフタール市場の近くに店を構える「ラ・チュイル・ア・ルー」。若草色の鮮やかなファサードが目印だ。ウインドウ越しに中を覗くと、陶器が至るところに置かれ、天井にはカゴがぶら下がり、テーブル周りのナプキンが並ぶなど、いかにも民芸品店の装い。

　店に入ると、お客さんへの接待に熱がこもる現オーナー、エリック・グジェさんの姿があった。「サヴォワ、プロヴァンス、アルザスといったフランス各地の職人による心のこもった作品を集めているんだ」と言う彼。クラシカルな伝統工芸かと思いきや、ユーモアあふれるクリエーターの作品が多い。自ら地方に赴き、「これぞ」と思うものを見つける。

　実は、エリックさんは、もともとこの店の顧客だったそう。銀行員だった彼は、職人芸を集めたこの店に出合った途端、虜になった。「ひとつひとつ手で作られた作品は、どれも一点もの。温かみがあるうえ、オリジナリティにあふれている。この店の魅力は、必ず欲しいものが見つかるという選択肢の

ひとりの女性が伝統を残すためにオープン

1974年、フランスの地方の伝統工芸を伝えるためにこの店は開かれた。創業者のマリー＝フランスさんが自ら歩いて見つけた逸品を揃え、パリでも評判の店に。後に一緒に経営をすることになるご主人のミッシェルさんは、エリックさん同様に店の常連だったそうだ。

確かに陶器をひとつひとつ見ていると、さまざまな表情が見えてくる。特に動物をあしらったものが多く、お皿だけでなく、テリーヌ型やバター・ケースなどにも鶏やら牛やらが載っている。何とも愛らしく、食卓を賑やかにしてくれそう。鶏やフクロウが描かれたお皿が大人気だそうで、絵つけ師であるジャクリーヌ・クラドナさんは、なんと76歳で現役。35年前からこの店に作品を置いているという。元気いっぱいで、人生を謳歌していることが想像できる朗らかなマダム。彼女が創り出す、愛情たっぷりの皿は、出会った人々に笑みをもたらすだろう。

多さだと思うんだ」。

右：繊細な刺繍が施されたナプキン (26€) は、アルザス地方のもの。中：アルプスのサヴォワ地方の作品。山に咲く花や鳥や動物を題材にした、ホットな色合いの皿 (40€〜) やカップ (20€〜) の数々。左：中央のマダムは、偶然店を訪れた現役76歳のアーティスト、ジャクリーヌさん。

La Tuile à Loup
ラ・チュイル・ア・ルー

住 35, rue Daubenton 75005 Paris
駅 Censier Daubenton (Ⓜ 7)
☎ 01 47 07 28 90
時 13:00〜19:00 (月)、
　 10:30〜19:00 (火〜土)
休 日
他 英ス
http://www.latuilealoup.com

Laguiole en Aubrac
ライオール・アン・オーブラック

こだわりの逸品に出合える
ソムリエナイフの店

手作りのナイフはオブジェのように美しい一点もの。

ライオール村から生まれた美しいナイフ

大好きなワインを、こだわりのソムリエナイフで開ける瞬間。これはワイン好きのお父さん達にとっては、まさに至福のとき。パリを旅行するなら、ぜひとも最高の一本を探したいもの。そんな方におすすめなのが、"Laguiole（ライオール）"のソムリエナイフ。このナイフは1829年にフランスのアヴェロン県にあるライオールという小さな村で誕生した。伝統的なスペインの折りたたみ式戦闘用ナイフをモデルにして、村の鍛冶屋が作り出したのが始まりとされている。ナイフの使い心地と美しさは当時から優れており、またたく間にパリジャン達の知るところとなる。しかし、あまりにも人気が高かったため、ライオールという名のナイフがあちこちで出回るようになる。ついにはフランスの裁判所で「ライオールという名はナイフのひとつの種類の一般名称であり、ブランド名としては商標登録を禁ずる」という判決が下される。その結果、誰でもライオールという名前でナイフを製造・販売することができるようになってしまった。また、二つの世界大戦の影響や、機械生産の普及によって、ライオールナイフの質は著しく低下することになる。

Pièce Unique（一点もの）を見つけよう

そんな中、ライオール村の伝統を受け継ぎ、高品質なハンドメイド・ナイフの復活を掲げた職人達が1992年に立ち上げたブランドが「ライオール・アン・オーブラック」だ。トレードマークは、地元の名産「オーブラック牛」。このブランドの特徴は、ひとりの職人が組み立てから仕上げまでを行う伝統工法にこだわっているところ。刃物のモデル作りに

は、100から200もの工程を経るという。また、持ち手の素材も、ローズウッド、オリーブ、黒檀といった木材から、象牙までバリエーションが豊富。どっしりとした重みが手に心地良い。

正規取扱店のジャン＝ピエールさんは「すべてPièce Unique（一点もの）」。どれを取っても味のある一本だよ」と太鼓判を押す。実際、重みのあるソムリエナイフは眺めているだけでも飽きない。値段はベーシックなもので100€から。フランス人でも持っている人は少ない。決して安くはないため、じっくり探して、自分だけの逸品を見つけたい。なお、飛行機での持ち帰りには注意。機内に持ち込むバッグではなく預け入れる荷物の中に入れること。また、西洋では刃物を贈ると「仲を絶つ」と考えられているので、お土産やプレゼントにするときは注意したい。

右：どれも重みがあり惚れ惚れする。ナイフとしての質も見極めたい。左：店内には実にさまざまなタイプのナイフがずらり。

Laguiole en Aubrac
ライオール・アン・オーブラック

住 35, rue des Deux Ponts
　　75004 Paris
駅 Pont Marie (Ⓜ 7)
☎ 01 43 29 10 57
時 10:30〜19:00
休 年中無休
http://www.laguiole-en-aubrac.fr/

EPICES RŒLLINGER
エピス・ローランジェー

料理のレパートリーが広がるスパイスの専門店

スパイスは世界中から集められる。写真左のビンがフルール・デュ・ソレイユ。右はスパイス入り砂糖、Poudre des Bulgares（プードル・デ・ビュルガル6.8€）。

日本人街に佇む知る人ぞ知る店

香辛料なくして、フランスの食文化の豊かさはない。フランスは世界有数の香辛料輸入国だ。歴史を遡れば大航海時代、フランスはヨーロッパ随一の輸入国として君臨していた。1770年代にレユニオン島やケニアへ移植することに成功して以来、より安価な香辛料がフランスにもたらされた。そんな歴史は時を越え、今もなお受け継がれている。

パリの日本人街と呼ばれる、Sainte-Anne（サン・タンヌ）通り。日本語の看板が並ぶ通りの一角にスパイス専門店「エピス・ローランジェー」はある。店内に入ったとたん、香ばしいスパイスの香りに包まれる。ブティックのオーナーは、オリヴィエ・ローランジェーさん。ヨーロッパにおけるスパイスとバニラの業界では名の通った専門家だ。

実は、ローランジェーさんはかつて料理人だった。1982年にブルターニュ地方のカンカル村にビストロをオープン。2006年にはミシュラン・ガイドで三ツ星を獲得する快挙を成し遂げる。そして、健康上の理由で2008年にシェフを引退。しかし、約30年にわたって研究してきたスパイスの知識を活かし、現在の店をオープンする。

世界中を旅して集めたこだわりのスパイス

店内には、27種類のオリジナル・レシピによるスパイス・ミックスの他、31種類のスパイス、28種類の胡椒、17種類のバニラ、9種類の唐辛子、そして塩やオイルなど、豊富な品が棚にずらりと並ぶ。商品はいずれもローランジェーさんのこだわりの品々。「有機作物とフェアトレードに重点を置き、世界中を旅しながら最高品質のスパイスを探し出してきたん

上:店内は、香ばしいスパイスの香りであふれている。
下右:パリのマダムのリピーターも多い。下左:さまざまなスパイスが詰まった、宝箱のような飾り箱。

だよ」とローランジェーさんは話す。

近年、アジアの食材が、フランス料理の隠し味としてトレンドになっている。この店でも、最近、"Fleur du Soleil (フルール・デュ・ソレイユ)"というゲランド地方の塩に柚子の風味を加えた商品（9・4€）を取り扱っている。口に含むとミネラルたっぷりの塩味に、ほのかな柚子の香りが広がる、魚や野菜にぴったりな調味料だ。ただし、アレルギーのある方はご注意あれ。店では試食前に必ずアレルギーの有無を確認してくれる。アレルギー体質の方は、英語かフランス語のリストにして持ち込むことをおすすめする。

EPICES RŒLLINGER
エピス・ローランジェー

住 51 bis, rue Sainte-Anne
　 75002 Paris
駅 Quatre Septembre (Ⓜ 3)
☎ 01 42 60 46 88
時 10:00〜19:00
休 日、月
http://www.epices-roellinger.com/

都心でアクティブに暮らす大人カップル

夫婦それぞれが満喫しているパリ生活

ポンピドゥー・センターやショッピング・センターで賑わうパリの中心、Les Halles（レ・アル）。この地区の瀟洒なアパルトマンに暮らすピエールさん、アルレットさんご夫妻を訪ねた。

約50年前、職場の印刷会社で出会って恋に落ちた二人は間もなく結婚、二人の子どもに恵まれた。アルレットさんは次男誕生後に仕事を辞め、専業主婦に。ピエールさんは60歳で定年退職後、好きな絵を描いてのんびりと暮らしている。息子さん二人は近所に住み、毎週のように訪ねて来るという。依存はしないが絆は強い、典型的なフランスの家族だ。

同世代の友人の多くは郊外に一軒家を構えているが、ピエールさんとアルレットさんはパリに残った。これは生粋のパリジャンであるピエールさんの強い希望によるもの。「レ・アルに越して来たときはまだ中央市場が一部残っていてね（市場は1970年代にパリ郊外ランジスへ移転）。今はブティックが並んで若者の街に変わったけれど、子ども達も近くにいるし、パリを離れたら老け込みそうだよ」と語るピエールさん。

実際に二人は都会の生活を満喫しており、70歳を超えて健脚のピエールさんは、数時間かけてパリを縦断するという散歩が日課。大の映画通であるアルレットさんは、徒歩数分の近所にある大手シネ・コンの年間パスを買い、週3回は新作映画を見に出かけている。友人を招いて食事をすることも

多く、家は人の訪問が絶えない。

子ども達からの素敵なプレゼント

ある晴れた日曜、二人は郊外の小さな飛行場で半日を過ごした。アルレットさんが、ULMという軽量動力機での初体験飛行にチャレンジしたのだ。パイロット同乗とはいえ微風でも揺れるオープン・エアの小さな飛行機。アルレットさんは「鳥になったようで最高だったわ」と大満足。実はこの体験は子ども達からの誕生日プレゼント。「体験の贈りものというのはいいアイデア。元気なうちしか挑戦できないしね」というピエールさんも、すでに今春、サーキットでのフェラーリ運転を体験している。

来年には結婚50周年を迎えるという二人。カップルの約半数は離婚という結末を迎えるパリにあって、理想的ともいえる生活を送っている。夫婦が互いに生き甲斐と趣味を持ち、いくつになっても好奇心のアンテナを張り巡らせているのが、充実したセカンド・ライフの秘訣のようだ。

都心のアパルトマンは、二人の趣味で作り上げたモダンな空間だ。

パイロットから説明を受けた後、見事青空に飛び立つアルレットさん。

自分らしく満喫する定年後のセカンド・ライフ

笑顔がチャーミングなダニエルさん。

第二の人生を謳歌する方法

「楽しくなければ人生じゃない」と豪語する国民だけあって、パリのシニア層はなかなかパワフルだ。「定年＝隠居生活」という風潮はあまりない。自分なりの目的を持ち、現役時代から新しい人生を踏み出す計画を練っている人もいれば、行き当たりばったりの人もいる。老後の不安はもちろんあるが、あまり現状を悲観し過ぎることなく、自分達の身の丈にあった範囲で、積極的に人生を楽しもうというのがフランス人だ。

会社員だったダニエルさんは、60歳で定年を迎えた後も、週に数日メディカル・クリニックで受付秘書のアルバイトをしている。「正直なところ、年金だけでは好きなものも買えないし、ドバイに住む娘や孫に会いに行けないから」とは言うものの、そ

の表情は生き生きとしている。また、長年銀行に勤めたパリジャン、パトリックさんの場合、早期退職を選んで、60歳前にセカンド・ライフに入った。銀行マンだけあって、人生設計はばっちり。悠々自適な暮らしをしながら、プロのシェフ指導のもと、趣味であるフランス料理作りに情熱を燃やす日々。マスターした料理を家族や友人達に披露するのが至福のときなのだとか。

フランスでは、ダニエルさんのように定年退職後、シニア向けの人材派遣会社に登録して働いたり、自ら起業する人もいる。一方で、パトリックさんのように、現役中にできなかった趣味に没頭する人もいる。蓄えの多い少ないに関係なく、どんな小さなことにでも楽しみを見つけだし、自分らしく精神的に豊かな暮らしをする。これがシニアのパリジャン・パリジェンヌに共通するセカンド・ライフのようだ。

Chapitre 4

フランスの歴史や文化を
食で感じられるアドレス

1728
ミル・セットソン・ヴァント・ユイット

フランス貴族の邸宅で
特別な夜を過ごせる
レストラン

女性的で洗練された美の象徴ともいえるポンパドールのサロン。まるでヴェルサイユ宮殿のよう。

ルイ15世時代の邸宅を改装した空間

2012年5月、サルコジ氏を破り、オランド大統領がエリゼ宮を奪取したことは記憶に新しい。社会党出身の大統領はミッテラン氏以来17年ぶりなのだとか。そんなエリゼ宮のお膝元、Faubourg Saint-Honoré（フォーブル・サン・トノレ）通り近くにひっそりと佇むのがレストラン「1728」。一歩、店内に足を踏み入れると、そこはまさに18世紀のフランス貴族の館。この館が誕生したのは1728年。建築家アントワン・マザンの手によって建てられた。フランス革命の歴史上の人物、ラ・ファイエット将軍が、ルイ15世時代の風格を引き継ぐこの館で晩年を過ごしたとされる。現在はパリ市の保存建造物に指定され、設計者の名を冠し、オテル（邸宅）・マザン・ラファイエットと呼ばれている。2001年のレストランのオープン以来、おしゃれなパリジェンヌ御用達のレストランとなっている。

店内は「音楽」「ラファイエット」「ポンパドール」と呼ばれる、三つのサロンに分かれている。サロンには300点を上回る数の絵画やタピスリー、彫刻、考古学オブジェなどが

コレクションされているため、まるでヴェルサイユ宮殿に迷い込んでしまったような錯覚さえ覚える。美術好きはもちろん、マリー・アントワネット好きにもたまらない空間だ。

ボリューミーかつアジアンティックな料理

メニューはクラシックなものかと思いきや、そこはエスプリの街パリ。ひねりが利いている。正統的なフレンチをベースに、アジアのエッセンスを取り込んだ料理だ。わさびや醬油、黒ゴマなど、和食の材料も良く使われる。料理は女性シェフ、ジェラルディン・リュモーさん他、6人のメンバーが担当する。ジェラルディンさんは、15歳から料理学校で6年間学んだ生粋の料理好き。フランス南西部出身のお母さんの手作り料理を食べて育った彼女は、お昼もいつも家で食べていたので、学食で一度も食事をしたことがないのが自慢。

彼女の料理は、ボリュームがありながら、それでいてあっさりと軽やかな味つけなので、年齢を問わず食べやすい。母から注がれた愛情がたっぷりと詰まっている。

料理のメニューは2か月ごとにリニューアルされ、内容はオーナーであるリンイン・シュエット夫妻とシェフとで相談して決める。リピーター客が多いため、毎週木曜日に週変わりのランチ "Parcours Découverte（パルクール・デクベールトゥ）" が用意されている。価格は35€。ベジタリアン向

上：膨大な美術品のコレクションを眺めながら過ごす時間は格別。中・下：細やかな心遣いのスタッフによって、このレストランは支えられている。

けのメニューがあるのも、多様性の国フランスらしい。デザートは、モンマルトルの丘にあるパティスリーArnaud Larther（アルノー・ラエール）のもの。毎朝10種類ほど運ばれてくるケーキを、銀の皿に載せてテーブルで選んでもらうというシステム。なんともそそられるメニューの数々。

パリには星の数ほどレストランが存在するが、ここほど手ごろな値段で、特別なパリを堪能できる場所はあまりない。素敵に年を重ねた人と一緒に過ごす特別なディナーにぴったりの一軒。

上：シェフのジェラルディンさん。下：前菜のひとつ"Fraîcheur du potager（フレシュール・デュ・ポタジェ）"。若芽のサラダにアーティチョークやカリフラワーのピクルスなどを添えたもの（19€）。

1728
ミル・セットソン・ヴァント・ユイット
住 8, rue d'Anjou 75008 Paris

駅 Madeleine (Ⓜ 8, 12, 14 ※3番出口)
☎ 01 40 17 04 77
✉ 1728@1728-paris.com
時 12:00〜14:30/19:30〜23:00（月〜金）、19:30〜23:00（土） ※いずれも要予約
€ 週替りランチ：35€、デギュスタシオン（さまざまな料理を少しずつ楽しめるコース。要2時間）：110€
休 土曜のランチ、日、祝　※臨時休業有
他 英メ 英ス 🚻
http://www.restaurant-1728.com

高級レストランの中でも特に開店準備には時間をかけるルドワイヤン。庭園に向けてテーブルセッティングがされ、建物の立地の魅力を最大限に引き出している。

Ledoyen
ルドワイヤン

気負わずにランチができる三ツ星レストラン

世界に名を馳せるレストランのランチ

「由緒ある館に足を踏み入れて、その歴史を感じながら階段を一歩一歩上る。すると、まるで時間が止まったように、時の概念がなくなっていくんです」。2002年に、「ルドワイヤン」創業以来、初めてミシュランの三ツ星獲得の快挙を果たしたシェフ、クリスチャン・ル・スケールさんは、開口一番このように語ってくれた。ルドワイヤンは1792年創業。1789年に勃発したフランス革命のたった3年後のことである。そして、ここがナポレオンと、後に皇妃となるジョセフィーヌが出会った場所であることを思うと、歴史の重みを感じ、シェフのこの言葉も心にずっしり響く。フランス史上に刻まれる重要な場所であったこのレストランは、まさに「由緒ある館」だ。

コンコルド広場から凱旋門に延びるシャンゼリゼ大通り沿いの新緑地は、パリの中心地であることを忘れさせる穏やかな空間だ。そんな豊かな緑の中に建つ黄色い館がパヴィヨン・ルドワイヤン（ルドワイヤン館）。観光客であふれかえるシャンゼリゼの喧噪などとは無縁の贅沢な環境の中に佇ん

でいる。

ルドワイヤンは、数ある三ツ星レストランの中でも、リーズナブルなランチを提供する希少な店。その価格は、何と94€。ディナーのメニューが210€からなのを考えると、ずいぶんとお手ごろだ。もちろんランチとはいえ、料理の質はディナーと変わらない。しかもディナーとは違い、短い時間で最高級の味をカジュアルに楽しめるので、家族旅行者には最適。「食事前のおつまみのカナッペやパン、そして皿上の料理のディテールに注意を払ってみてください。そこには精緻に演出された、興味深い世界が表現されています」とシェフ。ダイニングは天井も高く、テーブルもゆったりと配置されている。そのうえ給仕長は日本語を話し、さらに、最近では日本人女性もサービスに加わったため、緊張感は無用。豪華ランチを、時間を忘れて、大切な家族と一緒に心ゆくまで満喫して欲しい。

ブルターニュ出身の敏腕シェフ

長身で細身、端整なマスクのクリスチャンさんは、北フランスのブルターニュの出身。なぜか実力派シェフにはブル

右：食べやすくアレンジされた軽やかな味わいの舌平目。人気かつ高級なフレンチ食材。中：リーズナブルなランチからひと皿。海が香る花束風の温野菜は視覚を刺激する美しい前菜。左：歴史あるメゾンに三ツ星をもたらした偉大なシェフ、クリスチャンさん。

ターニュ出身者が多い。有名メゾンで腕をふるった彼の職歴は華やかなもの。「ルカ・カルトン」、「タイユバン」、「リッツ」の後に「ル・グラン・インターコンチネンタル」でシェフを任され、一ツ星を得る。1998年に二ツ星をもたらした後に、ルドワイヤンのシェフに抜擢され、三ツ星をもたらす。ブルターニュ産の手長えびやヒラメ、リ・ド・ヴォー（子牛の胸腺）などモダンにアレンジされた料理に、泡ソースを多く用いるのがルドワイヤンの特徴で、重くなく、軽いソース使いが胃にも優しい。香辛料や調味料の使い方なども絶妙で、繊細な味つけに感動を覚えるだろう。イギリス海峡に接するブルターニュ出身のシェフというだけに、魚料理も期待できる。お願いすれば、いただいた料理とワイン名を記載したカードをもらえるので、パリ旅行の思い出として残したい。

シャンゼリゼ大通りの緑豊かな敷地に立つ館。ゆったりした空間で、緑を望みながらの贅沢な食事を。

Ledoyen
ルドワイヤン

住 1, avenue Dutuit 75008 Paris
駅 Champs-Élysées-Clemenceau
(Ⓜ 1, 13)
☎ 01 53 05 10 01（要予約）
時 12:00〜15:30/19:30〜22:30
休 月曜のランチ、土、日、祝の一部、
　 8月前半の3週間
€ ランチ94€、ディナー210€〜
他 日ス 👫

http://www.ledoyen.com/

Le Procope
ル・プロコップ

歴史の足音が感じられる老舗文学カフェ

店を訪れた文学者、政治家、革命家のポートレートや彫像が至るところに見られる重厚な雰囲気の店内。

革命家の討論がざわざわと聴こえて来そう

文学カフェとして有名な「ル・プロコップ」がオープンしたのは1686年のこと。パリでもっとも古いカフェといわれるこの店の初代オーナーは、フランチェスコ・プロコッピオ・ディ・コルテリ氏という正真正銘のイタリア人。フランス料理と同様、カフェも歴史の古いイタリアからもたらされたことになる。プロコッピオをフランス式にした名称がプロコップだそう。創業後すぐに近くにあったフランス劇場の関係者や文化人で賑わうようになり、後のフランス革命の時代には、革命家達が集まって議論に花を咲かせる時のカフェとなった。今でもトイレの表示に、ムッシュー、マダムの代わりに「市民」を意味するCitoyen, Citoyenneが使われるなど、歴史の面影が残っている。

ル・プロコップの裏出口のあるCour du Commerce Saint-André(コメルス・サン・タンドレ小径)にはかつて印刷所があり、ル・プロコップの最上階で書かれた新聞記事が仕上がると、窓に吊るした鐘を鳴らして印刷所に知らせたそうだ。この部屋は現在でも入ることができる。また、19世紀の詩人、ヴェルレーヌとランボーも常連であり、二人の歴史もこの店に刻まれている。

歴史に浸りながら食も堪能できる

店を訪れると、革命時代からタイムスリップして来たのでは、と思えるようなダンディーな風貌のポール・プイヨンさんが出迎えてくれた。「もう私は引退するが、このル・プロコップの歴史は伝えていきたい」と言う。そう、時代も変わり、次の代にこの店を引き継がなければいけない。だが、果

右：店の歴史を熱く語るブイヨンさん。左上：まるで迷路のような店内。左下：元ジャーナリスト達の部屋に残る活版。見学可能。

たしてこの貴重な歴史を語れる若者はいるのだろうか。

「革命の時代、ディドロやダントンといった革命家がここに集っていた。作家のヴォルテールもいた。ここには作家達が執筆できるように、インクと筆が置かれていたんだ。あるとき、ジャン＝ジャック・ルソーが、大理石のテーブルの上に立って熱弁したが、あまりにエスカレートしたために、何と大理石のテーブルが割れてしまったんだ」。当時のテーブルのうち二つだけが現存している。グレーの大理石のテーブルには、ジャン＝ジャック・ルソーの名が刻まれ、今もその破損状態が見られる。もうひとつはヴォルテールの大理石のテーブルで、この二つのテーブルは2階に展示されている。「ショパンも来ていたんだ。恋人であるジョルジュ・サンドに聴かせるために、彼はここで演奏をしていた。そして、幸運にも、多くのお客さんが彼の演奏を楽しんだよ」。歴史のワンシーンを見て来たかのように、ブイヨンさんは語ってくれた。

さて、このカフェはコーヒーが飲めるだけでなく、素晴らしい料理も味わえる。フランスの歴史を肌で感じながらいただける料理だ。魚介類の盛り合わせやフォアグラなどクラシックなメニューが揃う中、Tête de Veau（仔牛の頭の煮込

み）は創業当時からのレシピを守っている。ココットで供されるこの料理はコラーゲンも豊富、野菜たっぷりなのでぜひ味わって欲しい。

上：エントランスの左の部屋。ヴェルレーヌやランボーをはじめ、著名人が着席した場所に名前のプレートが貼られている。右下：ジャン＝ジャック・ルソーが飛び乗って大理石を割ったというテーブル。左下：創業当時からのレシピを守り続ける「仔牛の頭の煮込み」(22.4€)。

Le Procope
ル・プロコップ

住 13, rue de l'Ancienne Comédie
　 75006 Paris
駅 Odéon (Ⓜ 4, 10)
☎ 01 40 46 79 00
時 11:30〜24:00（日〜水）、
　 11:30〜翌1:00（木〜土）
€ コーヒー2.9€、前菜＋メイン19.9€
　 など
休 年中無休
他 英ス 英メ 👥

http://www.procope.com/

左岸好きのインテリジェントな人々が粋な会話を交わす。

Le Salon du Panthéon
ル・サロン・デュ・パンテオン

映画女優がプロデュースした優雅なサロン・ド・テ

映画はフランスが生み出したもの

映画は、1895年にリュミエール兄弟によってフランスで発明された。私達にとってフランス映画といえば、素朴ながらも人情味あふれる、叙情的な作品を思い浮かべるだろう。フレンチ・フィルム・ノワールと呼ばれるギャング映画では、ジャン・ギャバンやアラン・ドロンと、映画の新しい潮流といわれたヌーヴェル・ヴァーグの映画では、カトリーヌ・ドヌーヴ、ジャン゠ポール・ベルモンドといった往年の銀幕スター達が思い出される。

このご時世、映画事情も大きく変わり、フランスでもアメリカ映画を筆頭に各国の映画が配給され、かつてのフランス映画の勢いは薄れている。とはいえ、古くからある名画座はパリでも健在。それも、ソルボンヌ大学があり、学業が早くから行われた「頭脳の地区」といわれる左岸のカルチェ・ラタンに多く点在する。

カトリーヌ・ドヌーヴ仕様のサロン・ド・テ

ソルボンヌ大学の近くに、見逃してしまいそうな小さなエ

ントランスの映画館、「シネマ・デュ・パンテオン」がある。創業100年の歴史を誇る名画座だ。古い映画に限らないが、セレクトされたフランス映画（時折外国映画も）を上映し、評判も高い。その2階に、まるで個人の書斎を訪れたかのような、カルチャー要素の高い静かなサロン・ド・テ「ル・サロン・デュ・パンテオン」がある。映画館の入り口からアクセスし、右手の階段を上ると、心地良いテラスのある150平方メートルほどの空間が広がる。2007年の秋にオープンしたこのサロン・ド・テは、女性も憧れるフランス女優、カトリーヌ・ドヌーヴが空間デザイナーとして携わっている。ゆったりしたソファーや椅子が置かれ、映画関連の書籍が並ぶ。ここでは、カトリーヌ・ドヌーヴの持つセンスによって表現された、優雅な空間を体感することができる。

料理を担当する、出張デリ "Une Fête à Paris"（ユンヌ・フェット・ア・パリ）"のアレクサンドラさんは言う。「この映画館では、まず映画が優先。質の高い映画を上映しますから。そして、サロン・ド・テはアクセサリーです。映画を楽しんでいただき、その余韻を残して美味しくお茶をいただいて欲しいですね」。古い映画館において火を使うことができ

右：静かな邸宅を訪れたような、安らぎを感じる空間。左：アットホームなスタッフに接し、誰もがリラックス・ムード。

上:モッツァレラと温野菜の盛り合わせ(16€)。下:心地の良いテラス席は、大人のためのオアシス。

ないために、このデリから毎朝料理が運ばれ、サロンで仕上げるというシステム。キッシュやサラダなどの野菜たっぷりのランチは美味しいし、もちろん、ティー・タイムの利用も可能。パリの街を歩き疲れたときの休息にもぴったりの空間だ。

このサロン・ド・テは、映画などの撮影や俳優のインタビュー会場としても使われるという。内装を担当するカトリーヌ・ドヌーヴも、ときどき訪れるそうだ。パリのベル・エポックを彷彿とさせる映画館のサロン・ド・テでくつろげば、両親が青春時代に見たフランス映画のスター達が目に浮かび、ノスタルジックな感慨に浸れるに違いない。

Le Salon du Panthéon
ル・サロン・デュ・パンテオン

住 13, rue Victor Cousin 75005 Paris
駅 Cluny-La Sorbonne (Ⓜ 10)
☎ 01 56 24 88 80
時 12:00〜18:30
€ 紅茶5€、ランチ14€
休 土、日
他 英×

http://www.whynotproductions.fr/pantheon/

Le Sot l'y Laisse
ル・ソリレス

フランス人を魅了した日本人シェフのレストラン

ワインの品揃えも自慢。店内には価格が大きく書かれたボトルが並び、選びやすいと好評。

フランス人の常連が通いつめる繊細な味

「ル・ソリレス」は、2011年にパリ11区にオープンして以来、グルメ誌や口コミで評判を呼んでいる、日本人シェフが腕をふるうフレンチ・レストランだ。"Sot l'y Laisse（ソリレス）"とは、直訳すると「愚か者はそれを残す」という意味で、1羽にわずかしか取れない鶏の腰骨辺りにある稀少な部位のことを指す。

オーナー・シェフの土井原英治さんは、日本の「メゾン ポール・ボキューズ」で料理長を務めた実力の持ち主。「この国の食材は素晴らしいし、フランス人の生き方も好きです」という土井原さん。若き日に修業したというパリで、念願のレストランをオープンした。ホールを切り盛りするのは奥さんの暁子さん。観光地からは少し離れた住宅街にあるが、22席のこぢんまりとした店内はいつもほぼ満席。客層は主に地元の常連客。美味しいものに目がなく、味が落ちるとすぐに離れてしまう舌の肥えたフランス人達が足しげく通うのだから、その味は保証つきだ。

両親も安心して連れて行けるアドレス

メニューは季節感を大切にしているため頻繁に変わるが、フォアグラやトリュフ、仔羊など正統フレンチ食材に加えて、トロ、わさびの隠し味などもプラスされ、選ぶのに困るほど魅力的な料理ばかり。歯ごたえがあり、肉の味が濃いという噂の部位、ソリレスも食べられる。全体的にしっかりした味つけながら素材の良さがぐんと際立ち、くどさや重さを感じないのは、日本人シェフならではのマジックだ。ワインの仕入れにもこだわり、1本30€くらいの手ごろな価格で美味しいワインが飲める。

メニューが分からない、言葉の壁で思うようにサービスが受けられない、雰囲気が苦手。旅行者の足をフレンチ・レストランから遠ざけるそんな不安を、すべて解消してくれる理想のレストラン「ル・ソリレス」。フランス語のメニューも日本語で説明を受けられるし、気配りの行き届いた温かなサービスは外国にいることを忘れてしまいそう。フレンチに尻込みすることなく、心ゆくまで楽しい食事の時間を過ごせるはずだ。

右：鴨胸肉のロースト、夏野菜のグリル トリュフソース（25€）。ランチにはお得なコース・メニューがある。夜はアラカルトのみ。左：若き実力派シェフの土井原さん。

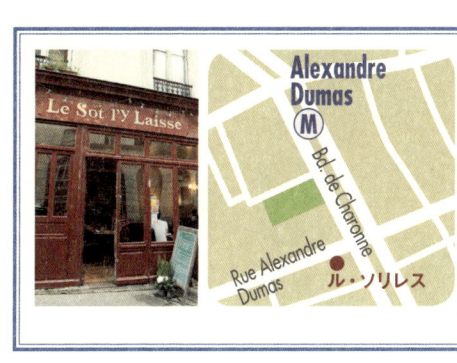

Le Sot l'y Laisse
ル・ソリレス

- 住 70, rue Alexandre Dumas 75011 Paris
- 駅 Alexandre Dumas (Ⓜ 2)
- ☎ 01 40 09 79 20（予約がベター）
- 時 12:00～14:00/19:30～21:30
- 休 土と月のランチ、日
- € ランチ・コース：18€～、ディナー：アラカルトで40～60€程度
- 他 日ス 👥

Legrand Filles et Fils
ルグラン・フィーユ・エ・フィス

日本人ソムリエのいる居心地の良いワイン・バー

俳優のアラダン・レイベルさん達にサーブする佐藤さん。

パッサージュ内にある老舗ワイン店

パリでもっとも美しいパッサージュ「ギャルリー・ヴィヴィエンヌ」(P11)のエントランスをくぐると、"Legrand Filles et Fils"の文字が書かれた豪奢なワイン店の老舗だ。数年前の改装により1880年創業のパリが誇るワインのワイン・バーが併設され、ワインを買うだけでなく、ソムリエによってサーブされるワインをその場で楽しむことができる。

ここで、私達日本人をサポートしてくれるのは、ソムリエの佐藤恵美さん。この店で働いて16年になる。日本語でワインの魅力、保管の仕方、そして飲み方について熱く語ってくれるので、最初はワイン通でなくとも、彼女との出会いでワインにはまる人も多い。

「この店のバーでは、Droit de Bouchon（販売店にてボトルのコルクを開ける際に生じる追加料金）なしに、販売価格でワインのボトルを飲んでいただくことができます。ご一緒にお好みのワインを選んで、ゆっくりお話しをしながらワインを堪能していただきたいですね。パッサージュ内という立

地なので、気候の良いときには、車の騒音のないテラスでのんびり過ごしていただくこともできますよ。私が不在のときもあるので、ご来店日が分かりましたら、できれば事前にご連絡くださいね」。ちなみにワインに限らず、食前酒、食後酒、書籍やワインまわりのグッズも揃う。ソムリエが使う形と同様の店名入りソムリエナイフなど、お土産にふさわしい一品もある。

ワインを通して出会いも広がる

常連客のピエールさんは、ボトルをキープし、3日で1本空けるそう。「いろいろな店にランチに行くけれど、この店には週に数回は来るね。美しいパッサージュ内であることに加えて、この店のワインの品揃え、この老舗で働く人々のホスピタリティのある接待が素晴らしいよ。さらに、このカウンターでは人との出会いもある。パリジャンに限らず、外国人と興味深い会話が交わせるのも魅力なんだ」。ここなら、フランス語ができなくてもこの店に通ってみよう。パリに滞在中の数日、ピエールさんのようにこの店の常連客になった気分を得られるに違いない。そうすれば私達も、

右:ワインに合う食材も豊富。中:バーで提供される食材は店で購入可能。お土産にも。左:フランス全域の名品が揃うカーヴ。

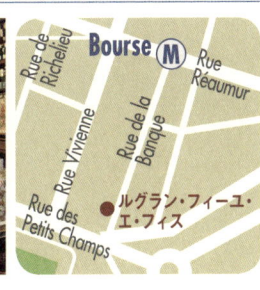

Legrand Filles et Fils
ルグラン・フィーユ・エ・フィス

住 1, rue de la Banque 75002 Paris
駅 Bourse (Ⓜ3)
☎ 01 42 60 07 12
✉ emi@caves-legrand.com
　(佐藤恵美さん)
時 11:00〜19:00 (月)、10:00〜19:30
　(火〜金)、10:00〜19:00 (土)
　※バーは12:00〜18:30。
€ グラスワイン8€〜
休 日
他 日ス🚹

http://www.caves-legrand.com/

Zerda Café
ゼルダ・カフェ

フランス人にも定番の
クスクス料理の名店

アラビアン・ナイト風のファンタスティックな雰囲気の店内。

アラブの料理「クスクス」の食べ方

　北アフリカのアラブ諸国の伝統料理である「クスクス」。アラブ人が多く住むパリには星の数ほどのクスクス店があり、フランス人にも人気だ。デュラム小麦を原料とした粒状のクスクスは蒸して食べる。パスタを粒状にしたものに近い。粟のようにかなり細かいので喉に通りやすく、胃にも優しい食材だ。さらにグリルした仔羊の肉、メルゲーズ（辛めのソーセージ）、チキンなどが別の平皿に載せられ、底の深い器には野菜を煮込んだスープが供される。アラブ諸国の食事に欠かせない「ひよこ豆」も添えられ、これでワン・セット。自分のお皿にクスクスを好きなだけ取り分け、お肉を各種少しずつ取ろう。最後に野菜とスープをかけて、いよいよ食す。

　「ゼルダ・カフェ」オーナーの息子、マジッドさんによると、「おたまでスープをすくい、その中にハリッサ（辛味調味料）を入れて溶かしてからクスクスの上にかけるのがゼルダ・カフェ流なんだ」。味噌汁を作るときの作業に似ている。調味料のだまができずに均一に広がり、まろやかな風合いになるのだろう。

ワインの品揃えにも注目

　1946年創業。パリで最初のオリエンタル料理店だそうだ。2003年に現オーナーであるジャファー・アシュールさんがこの店を買い取り、店も改装。シンプルながらもイスラム世界を主張する外観。さらに中に入ると、『千夜一夜物語』の世界にでも入り込んだかのような、イスラムの異国情緒を覚える。アラブ人は熱いおもてなしに定評があるだけに、きめ細かいマジッドさんのサービスも心地良い。

上:ゆったりとしたテーブル配置も魅力。下右:おもてなし上手のマジッドさん。下左:クスクス・ゼルダ(19€)。

有名オーナー・シェフ、ジャファーさんの自慢はワインのセレクト。「クスクス料理に合うのは赤か、夏には冷やしたロゼだね」。アルジェリアやモロッコの良質のワインを揃え、その数は100種類にも及ぶという。気に入ったワインがあれば、購入もできるそうだ。

この店は、グルメガイドでも評価が高く、ピエール・エルメやアラン・デュカスも訪れる名店。今やクスクス料理はパリの食文化のひとつになっている。

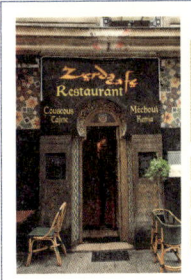

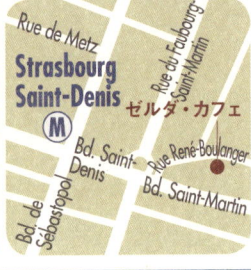

Zerda Café
ゼルダ・カフェ

住 15, rue René-Boulanger
　　75010 Paris
駅 Strasbourg Saint-Denis (Ⓜ 4, 8, 9)
☎ 01 42 00 25 15（予約がベター）
時 12:00〜15:00/19:00〜23:30
€ クスクス・ゼルダ19€ など
休 土曜のランチ、日、8月に2週間
他 英x

Le Petit Cambodge
ル・プチ・カンボッジ

パリで外国料理を試せる エスニックのレストラン

若手スタッフによるパワフルなサービスに感嘆。

パリで人気のカンボジア料理店

「人種のるつぼ」のパリでは、日本であまり見かけないアジア各国の料理も味わえる。13区のチャイナ・タウンには、カンボジア、タイ、ラオス、ベトナム料理店などが軒並み揃うが、今回紹介したい店はパリ10区のサン・マルタン運河に近い人気店「ル・プチ・カンボッジ」。1950年代初頭までフランスの植民地だったカンボジアの料理だ。

カンボジア料理の特徴は、隣国タイやベトナムとベースは近いが、タイほど辛くなく、ベトナムほど香草を使わない胃に優しい味つけだ。日本の旅行客は、慣れないフランス料理で胃が疲れたときに日本料理店に行きがちだが、せっかく海外にいるのだから、こんなエスニック料理も味わって欲しい。

ココナッツ風味のポークと小エビのカレー"Natin（ナタン）"（12・5€）や、麺入りスープ"Soupe Phnom-Penh（スープ・プノンペン）"（13€）がおすすめ。人気メニューは、カリカリっとした食感の春巻きに牛肉、春雨などを緑野菜で包んで食べる"Ban Hoy（バン・ホイ）"（12・5€）。日本の家庭料理に似たまろやかな味わいの料理を堪能できる。

観光客にも便利なノン・ストップ営業

本店の「ル・カンボッジ」は、カンボジア人の家族が営む家庭的な店だ。予約は取らないので開店前に並ぶのが必須。さらに、日本人にとっては席が窮屈で落ち着かないだろう。

だが、この本店の近くにできた2号店のル・プチ・カンボッジの方は、家庭的な本店とは異なり、モダンで開放的なスペースでゆったり食事を楽しめるのが魅力。閉店までノン・ストップ営業となれば、お腹の時計が気まぐれな観光客にも利用しやすい。料理は本店と変わらないので味は保証つきだ。

「本店は旧式な家族経営を意識して、中休みもあれば、バカンス休業もある。でも、ここは若いスタッフによる、自由な空間であることがコンセプトだよ」と店長のシモンさん。彼は、学生時代にル・カンボッジでバイトをした後にサラリーマンになったが、大好きなこの店に戻って来たという。まだ若い彼の心のこもったおもてなしが期待できる。ガイドブックに載っていない「パリの異国」を試したい方にもぜひ。

右：サン・マルタン運河に近い美味しいレストランが多い界隈の角にある。左：人気メニューのひとつ、バン・ホイ(12.5€)。

Le Petit Cambodge
ル・プチ・カンボッジ

住 20, rue Alibert 75010 Paris
駅 Goncourt (Ⓜ 11)
☎ 01 42 45 80 88
時 12:00〜23:00
€ ランチ：アラカルトで10.5€〜
休 年中無休
他 英ス 🍴

http://www.lepetitcambodge.fr/

Léngué Izakaya
居酒屋 れんげ

和食とワインが楽しめるシックな居酒屋

フランス人にも話題の本格居酒屋

日本食レストランの80％は日本人以外が経営者、といわれるパリの和食事情。日本人街とされるオペラ地区のサン・タンヌ通りには、行列ができる人気の日本食店がひしめき合っているが、本当に美味しい和食に出合うのは難しい。そんな中、個性的な経営コンセプトを掲げる実力派日本人シェフが、このオペラ地区から離れた場所に続々と店をオープン。近藤克敏さんが奥さんとともに、セーヌ左岸のサン・

フランス人は魚さばきが粗いので、自分でさばくという職人気質の近藤さん。

ミッシェル界隈に本格居酒屋「れんげ」をオープンしたのは2011年のことだ。17世紀の建物の室内は、木と漆喰の壁がどこか田舎風のムードをたっぷり醸し出しながらも、ファサードやカウンター周りの黒使いがスタイリッシュだ。「フランスの食材を使った居酒屋」はすぐにパリ在住の日本人と、日本カルチャーに触れたいフランス人の好奇心を刺激し、瞬く間に話題の店に。フランスの歴史を感じる内装の中に作られた日本式カウンターが、何とも良い味を出している。母娘のショッピングのつき合いに疲れたお父さんに「先に店に行って一杯飲んでるぞ」と言わせるようなほっとできる空間のうえ、出刃包丁で腕をふるう近藤さんが粋におもてなしをしてくれる。

酒のつまみをワインとともに味わえる

パリの居酒屋であるこの店は、ワインの品揃えも豊富。珍しいワインが格安で楽しめる。「僕はワインが大好きなんです。大学での卒論もワインがテーマでしたし、ホテルでワインに関わる仕事もしていました。その後、パリのフレンチ・レストランで修業をしたものの、店を出すなら和食だと確信

していたんですね。やはり日本人のアイデンティティとして、居酒屋文化を伝えたいと思ったのです。なので、居酒屋料理が食べたい人も、ワイン好きな人も楽しんでいただけるような店をコンセプトにしました。料理とワインとのマリアージュなどはあえて考えずに、リラックスしつつ好きなものを楽しんで欲しいんです。もちろん、日本酒や焼酎も揃えていますから」と近藤さん。

ヴィンテージ・ワインを飲みながら、フランス人に定評のあるパリ仕込みの居酒屋メニューをいただく。この店ならではの楽しみ方だ。

上：フランス人に人気のカリフォルニア巻きは11€。
下：和食の繊細さに感激したというカップル。右：風情ある外観。

Léngué Izakaya
居酒屋 れんげ

住 31, rue de la Parcheminerie
75005 Paris
駅 Saint-Michel (Ⓜ4／Ⓡ B, C)、Cluny-La Sorbonne (Ⓜ10)
☎ 01 46 33 75 10（予約がベター）
時 12:00〜15:00/19:00〜24:00
（L.O.1時間前）
€ ランチ：お弁当18€、お弁当＋デザート23€
ディナー：アラカルトで平均35〜45€
休 日曜のランチ、月、8月に3週間
他 日ス 日メ ♂♀

和食が恋しくなったときに気軽に利用できる店

外国旅行で疲れたとき、故郷の味を口にするだけでリラックスできることがある。
ここでは、手ごろで本格的な日本食の店をラインナップ。
もちろん日本語が通じるので安心。和食が恋しいときの参考に。

和楽 (和サロン・ド・テ)

パリで和菓子や日本茶が味わえるサロン・ド・テ。店内に入ると、そこはまさに日本の茶室のような雰囲気。この店は、2008年版の「ミシュラン・ガイド」フランス版で一ツ星を獲得した、パリの日本食レストラン「あい田」がプロデュースしている。カウンター越しに生菓子の最後の仕上げや、どら焼きを焼くところなど、調理風景が見える造りになっている。シェフ・パティシエを務めるのは、村田崇徳(たかのり)さん。和菓子の仕込みから完成まで、全てひとりでこなす。村田さんのこだわりは小豆、米、砂糖の質の良いものを使うこと。以前は日本のものを使っていたが、東日本大震災以後、手に入りにくい時期が続いた。そのため、今はフランスで入手できる良質のものを選んで使っている。和菓子は、通常5種類を用意。「花の季節や行事を盛り込み、時が移り変わるように、少しずつお菓子の種類を変えています。日本の季節感や暦と、パリの天候のバランスがなかなか微妙ですね」と村田さん。訪れるお客さんは、地元に暮らすパリジャン・パリジェンヌをはじめ、日本贔屓のフランス人達が多い。日本と同様、和菓子を好むのは、やはり落ち着いた世代の人達。今後はシャンパンに合うお菓子作りに取り組みたいそうだ。ランチでは「あい田」のお弁当(19.5～32€)をこちらでいただくこともでき、また、1日5食限定でお持ち帰りのお弁当がある。パリでは珍しい和菓子店は、旅行者にとってまさに強い味方。お菓子をテイクアウトできるのも嬉しいところ。わずか8席という店内なので、予約をしたほうが安心だ。

住 33, rue Rousselet 75007 Paris
駅 Vaneau (Ⓜ 10)、Duroc (Ⓜ 10, 13)
☎ 01 56 24 11 02
時 ランチ12:00～、サロン・ド・テ15:00～19:00
休 月、火
€ 生菓子4.5€～、お菓子のセット・メニュー14€～ など
http://www.walaku-paris.com/

やすべえ （日本料理店）

焼魚が食べたくなったらここ。焼魚と焼鳥の美味しいお店。ランチ・メニューにお弁当があるのも嬉しい。フランス人にもかなり人気があり、すぐに混んでしまうので、お昼の場合は12時ごろまでには入りたい。

住 9, rue Sainte-Anne 75001 Paris
駅 Pyramides (Ⓜ 7, 14)
☎ 01 47 03 96 37
時 12：00～14:00/19：00～22:30
休 日
€ ランチ定食11.5€～、焼鳥5本の定食14.5€、松花堂弁当24.5€など

中川 2号店 （日本料理店）

お昼にはお弁当、夜には一品料理が食べられる。テイクアウトも可能。お手ごろな値段と親切なスタッフに心が安らぐ。気取らない誠意を感じる店は、フランス人にも人気。日本が恋しくなったときにほっとできるアドレス。

住 3, rue Saint-Hubert 75011 Paris
駅 Rue Saint-Maur (Ⓜ 3)
☎ 01 47 00 82 30
時 11:00～22:30
休 日
€ そば6.9€、お弁当9€～、刺身の盛り合わせ14€～、おつまみ3€など

桃花 （日本料理店）

日本人女性のオーナー・シェフが生み出す、創作和食の店。野菜と魚がメインの料理なので、フランス料理でもたれた胃にも優しい。フランスのグルメガイドで賞を取ったこともあり、フランス人も多く訪れる。デザートも定評あり。

住 5, rue Jean-Baptiste Pigalle 75009 Paris
駅 Trinité d'Estienne d'Orves (Ⓜ 12)
☎ 01 40 16 19 09
時 12:00～14:30/19:30～22:30
休 土曜の昼、日、月、祝、8月
€ ランチ・コース29€、ディナー・コース39€～ など

善 - Zen （日本料理店）

ラーメンやカレー、かつ丼、餃子など、旅行中に懐かしくなる味を手ごろな値段で食べられる。夜に提供される豚の角煮などの、小料理屋風のメニューも人気。入りやすい雰囲気もあり、使えるアドレスのひとつ。

住 8, rue de l'Échelle 75001 Paris
駅 Pyramides (Ⓜ 7, 14)
☎ 01 42 61 93 99
時 12:00～14:30 (月～金)、12:00～15:00 (土、日、祝)/19:00～22:30
休 年中無休
€ ランチ・セット11€～、醤油ラーメン10€、カレー9€、カツ丼14€、餃子5€ など

Izakaya Issé （居酒屋）
イセ

素材にこだわったメニューはフランス人に大人気。お酒のメニューもかなり充実している。夜にはおにぎり(6€)、みそ汁(3€)も登場。疲れた胃に休息の必要を感じたらここへ。ただしお酒の飲みすぎに注意。

- 住 45, rue de Richelieu 75001 Paris
- 駅 Pyramides (Ⓜ 7, 14)
- ☎ 01 42 96 26 60
- 時 12:00〜14:00/19:00〜23:00
- 休 日、祝
- € ランチ・セット12€〜、日本酒(6ml)5€〜 など

http://isse-et-cie.fr/isse/

国虎屋VILLEDO （うどん屋）

豪華なビストロの雰囲気の中で本格的なうどんが食べられる。うどん以外にも豊富なメニューでフランス人にも重宝されている店。日仏文化の見事なマリアージュが堪能できる。うどんと一緒にお酒やワインも。

- 住 5, rue Villedo 75001 Paris
- 駅 Pyramides (Ⓜ 7, 14)
- ☎ 01 47 03 07 74
- 時 12:15〜14:30/19:30〜22:30
- 休 日曜の夜、月
- € かけうどん10€〜、ランチ・セット21€〜、ディナー・コース50€〜 など

http://kunitoraya.com/villedo/?lang=ja

さぬき家 （うどん屋）

モダンな雰囲気の店内。スタッフのおすすめは「ぶっかけうどん」。若いスタッフのエネルギーあふれる居心地の良い店。テラスで食べるうどんもパリならでは。丼物のテイクアウトもある。お昼から夜までノン・ストップ営業なので気軽に足を運べる。

- 住 9, rue d'Argenteuil 75001 Paris
- 駅 Pyramides (Ⓜ 7, 14)
- ☎ 01 42 60 52 61
- 時 11:30〜22:00
- 休 年中無休
- € きつねうどん10€、豚しゃぶうどん14€、天丼18€、から揚げ丼13€、生ビール7€ など

円 - Yen （蕎麦屋）

モダンで落ち着いた雰囲気で、美味しい本格的な蕎麦が食べられる。パリジャン・パリジェンヌにもすっかり人気の定着した、こだわりの手打ち蕎麦の専門店。人気の定番は天せいろ。

- 住 22, rue Saint-Benoît 75006 Paris
- 駅 Saint-Germain-des-Prés (Ⓜ 4)
- ☎ 01 45 44 11 18
- 時 12:00〜14:30 (L.O.14:00)/19:30〜23:30 (L.O.22:30)
- 休 日
- € 天せいろ20.5€、ランチ・セット38€〜、ディナー・コース68€ など

Aki Boulanger （パン屋）
アキ・ブーランジェ

あんパンやメロンパン、日本風のショートケーキが食べたくなったらここへ。店内やテラスにも席があり、その場で食べることも可能。バゲットなどのフランス風のパンやサンドイッチ、お弁当も一緒に売っているので、各自好きなものが買えて便利。

- 住 16, rue Sainte-Anne
  75001 Paris
- 駅 Pyramides（Ⓜ 7, 14）
- ☎ 01 42 97 54 27
- 時 7:30〜20:30
- 休 日
- € あんパン2.2€、メロンパン2€、お弁当7.8€〜 など

K-mart （スーパーマーケット）
ケーマート

韓国と日本の食材を扱うスーパー。生鮮食品からカップラーメンまでかなり充実した品揃え。漬物、生肉、刺身、野菜、調味料と何でも揃えることができる。在仏日本人はもちろん、親日家のフランス人にも人気で、店内はいつも賑わっている。

- 住 6-8, rue Sainte-Anne
  75001 Paris
- 駅 Pyramides（Ⓜ 7, 14）
- ☎ 01 58 62 49 09
- 時 10：00〜21:00
- 休 年中無休

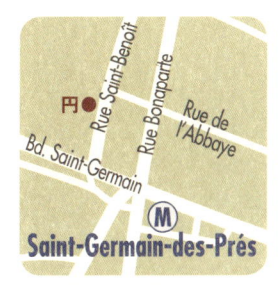

— 111 —

大人のホーム・パーティ・スタイル

年齢の節目や家族の記念日に開くパーティ

プライベートで誰かとランチやディナーをする場合、フランスでは、レストランには行かずに自宅に招くことが多い。つまり、大なり小なり自宅でホーム・パーティをすることになる。カジュアルなパーティはもちろん、お祝いなどの特別なパーティも良く開かれる。記念日や誕生日、クリスマス、復活祭などの行事には、家族全員が集うのが一般的だ。また、フランスでは40歳、50歳、60歳と10歳ごとの区切りで、大きなパーティをすることも多い。定期的に週1回、または月1回、家族が集いホーム・パーティをする、というのもフランスならではの光景だ。

学生時代には夜ごと誰かの家に集まり、夜更けまで飲んで、食べて、踊り、Fête（パーティ）を繰り返してきたパリジャン・パリジェンヌだけあって、おもてなしはお手のものだ。特別な理由がない限り、どは呼ばれない。オフィシャルとプライベートはきっちりと線引きするのがフランス式のスタイルだ。

まずは、アペリティフ（食前酒）からスタートする。おつまみとともにシャンパンや軽いアルコール、ソフトドリンクで乾

杯。おつまみの定番はカナッペ。生地はバゲットをスライスしたものから、タルトを使ったものまでいろいろある。その上に、ペースト状のオリーブ "Tapenade（タプナード）" や、タラの卵をペースト状にした "Tarama（タラマ）" などお好みの食材を載せるだけで簡単に作れる。その他、チップス類や野菜スティックなども良く使われる。

「上手な手抜き」とおしゃべりで自分も楽しむ

ほろ酔いでいい気分になり、メンバーが揃ったところで、テーブルに場所を移動して食事が始まる。前菜、メイン料理、チーズ、サラダ、デザートと続き、最後にコーヒーなどで締める。場合によっては食後酒を楽しむこともある。

テーブル・コーディネートから、献立やおもてなしまで全て、ホスト側のマダムの腕の見せどころ。どれを取っても、人を楽しませる工夫が行き届いている。とはいえ、完璧を目指せばキリがない。そのため、マダム達は冷凍食材などを積極的に利用する。こういった「上手な手抜き」は、

フランス人から学ぶべき点が多い。

しかし、パーティの醍醐味は、何といってもおしゃべりだ。フランス人が二人以上集まり、ここにワインが加わるともう止まらない。「昨日何食べた？」に始まり「バカンスはどうだった？」「先週見た舞台は悪くなかったわ」といった話まで、会話が途切れない。頑固な国民性からか、友達同士でも意見が衝突して火花を散らすような場面になることも。でも不満はその場で解消するのがフランス流。しばらくするとお互いケロッとしている。フランスの外交力の高さは、実はこんなところにも表れていたりする。

食事の楽しみ方は、高価なフレンチを食べることだけではない。堅苦しいことはなしにして、気心の知れた仲間達と、時間を忘れて楽しい時間を過ごす。それがいかに贅沢なことかを、フランスのホーム・パーティは教えてくれる。

113

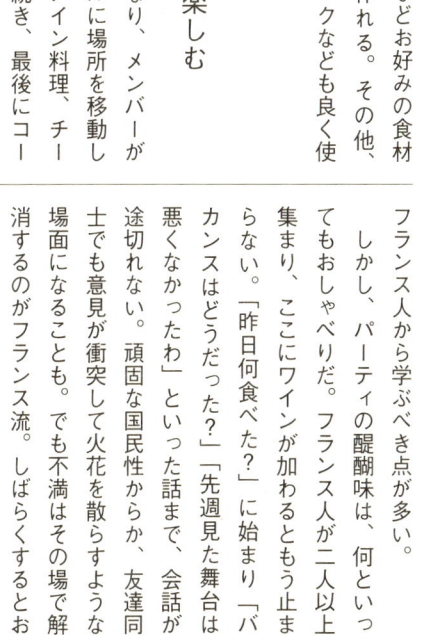

Chapitre 5

リラックスした時間が
過ごせる郊外アドレス

Saint-Germain-en-Laye
サン・ジェルマン・アン・レー

歴史と芸術に触れられるパリ郊外の美しい街

国王や音楽家の足跡が残る街

ヴェルサイユ宮殿を建設した太陽王、ルイ14世が生まれた街、「サン・ジェルマン・アン・レー」は、パリからRER（高速郊外鉄道）のA線でわずか30分ほどのところにあり、街並みは高級感あふれ、家族での散策やショッピングにも最適。もちろん、歴史的遺産も多く、パリからの日帰り小旅行にぴったりの街だ。

RERの駅を出て、目の前にそびえ建つ城は、12世紀にルイ6世によって建設されたもの。狩猟好きな王様達は、広大な森のあるところに城を建てることが必須だったようで、サン・ジェルマン・アン・レーにも大きな森がある。現在は国立考古学博物館になっているこの城のまわりには、庭園とパリが一望できる大きなテラスが広がり、静かに流れるセーヌ川とパリ北西にあるラ・デファンスの高層ビル街が見える。時間が許せば、この大テラスの一画にあるホテル、「パヴィヨン・アンリ・キャトル」での一泊滞在をおすすめしたい。ルイ14世が誕生したのがこの館なのだ。予約の際には眺めの

良い「セーヌ川沿いの部屋」を指定しよう。王が生まれた館での優雅な滞在は、フランスの歴史を感じるとともに、広い部屋で、のんびりとした親子の時間を堪能できるはず。

街の中を散策すると、品良くまとめられた商店街があり、高級ブランドの店は少ないが、フレンチ・ブランドならたいていは揃う。スイーツの良店も多い。商店街の中に1862年に音楽家ドビュッシーが生まれた建物があり、今では1階に観光局が入っている。観光局のある部屋を通り過ぎ、中庭から階段で上った2階がドビュッシー記念館となっており、入場無料。かなり小さいが、2012年に生誕150周年記念を迎えたフランス音楽界の巨匠の誕生の地は訪れたい。

精力的に活動したナビ派のモーリス・ドニ

パリのシャンゼリゼ劇場のドームに始まり、パリから地方に及ぶ教会のフレスコ画を描くなど、フランスの建築装飾に貢献した人物として知られるモーリス・ドニも、この街の住人だった。「ル・プリウレ（小修道院）」の名で親しまれる元施療院で暮らし、ここにアトリエを構えていた。モーリス・ドニの元住宅は現在美術館として公開されている。街の中心から

右：街中の小さな広場にレストランのテラスが広がる。左上：街は高台にあるため、大テラスからはパリの街並みやセーヌ川を見下ろせる。左下：街中はブティックなども多く、活気がある。

少し離れた静寂な住宅街の、庭園が美しい敷地内にあり、ここでもまた緑を大いに堪能できる。彼の作品だけでなく、ナビ派のボナールや、エミール・ベルナールらの作品も展示されている。元施療院に住む、というのはいかにもフランス人らしい。モーリス・ドニが居住中に描いたであろう絵が、壁やステンドグラスに残る館内のチャペルは「素晴らしい」のひと言。モーリス・ドニの孫、リュックさんは、「他の家族と同様、僕もこのチャペルで結婚式を挙げたんだ」と語ってくれた。

RERに乗り込み、わずか30分で出合える美しい郊外の街並み。パリ滞在中の一日、贅沢なプチ旅行を予定してみたい。

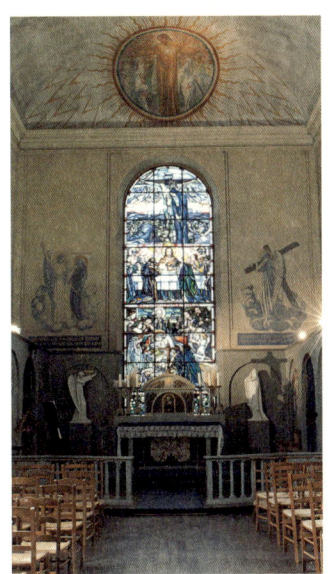

モーリス・ドニ美術館にあるチャペル「ル・プリウレ」。精力的に活動したドニの作品となるフレスコ画やステンドグラスが見られる。

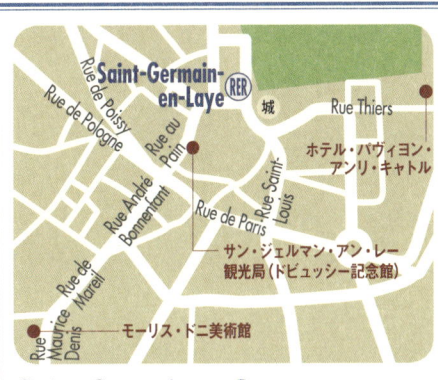

Office de Tourisme de Saint-Germain-en-Laye
サン・ジェルマン・アン・レー観光局
（ドビュッシー記念館）
- 住 38, rue au Pain 78100 Saint-Germain-en-Laye
- ☎ 01 30 87 20 63
- 休 日、祝
- € 無料
- 他 英ス

http://www.ot-saintgermainenlaye.fr/

Musée Départemental Maurice Denis
モーリス・ドニ美術館
- 住 2 bis, rue Maurice Denis 78100 Saint-Germain-en-Laye
- ☎ 01 39 73 77 87
- 時 10:00～17:30（火～金）、10:00～18:30（土、日、祝）
  ※第1木曜のみ ～21：00
- 休 月、一部祝日
- € 4.5€
- 他 英ス

http://www.musee-mauricedenis.fr/

Saint-Germain-en-Laye
サン・ジェルマン・アン・レー
- 交 パリ市内のRER A線の駅からA1線に乗り、終点Saint-Germain-en-Layeで下車

Hôtel Pavillon Henri IV
ホテル・パヴィヨン・アンリ・キャトル
- 住 21, rue Thiers 78100 Saint-Germain-en-Laye
- ☎ 01 39 10 15 15
- € 199€～390€／1部屋1泊
- 他 英ス

http://www.pavillon-henri-4.com/

Auvers-sur-Oise
オーヴェル・シュル・オワーズ

パリから日帰りで行けるゴッホの小さな村

静かでこぢんまりした雰囲気のオーヴェル城。

パリから1時間の田舎風景が残る村

画家のゴッホが、37年という短い生涯を終えたのもこの場所だった。パリの北西に位置する村「オーヴェル・シュル・オワーズ」。この小さな村は、田舎の美しい風景が残ることから、ゴッホをはじめ、セザンヌやドーミエ、ピサロなど、多くの画家達がアトリエを構えた場所だ。パリから村まではGare Saint-Lazare(サン・ラザール駅)から、Pontoise(ポントワーズ)駅まで行き、オーヴェル・シュル・オワーズ方面の小さなローカル電車に乗り換える。目的地のオーヴェル・シュル・オワーズ駅までは、1時間ほどの短い旅。最近、サン・ラザール駅がリニューアルされ、駅構内には80ものブティックが登場。何と、7時半から開店しているので、早めに着いても駅でショッピングが楽しめるのは嬉しい。

ゴッホの描いた風景がそのまま残る

オーヴェル・シュル・オワーズ村の見所は、やはり、ゴッホが描いた風景そのものに出合えることだろう。彼が村にやって来たのは1890年5月20日のこと。ゴーギャンとの

共同生活が破綻し、南仏の精神病院で静養した後、精神科医のガシェ医師が住むこの場所へたどりつく。終の住み処に選んだ場所は、役場近くのカフェ "Auberge Ravoux (ラヴー亭)" の屋根裏部屋。ここでゴッホは、滞在からわずか2か月あまりの間に、70点もの作品を仕上げた。弟のテオに宛てた手紙の中で「なるべく早く来てくれたまえ。ここは自然が美しいし、とても見事だ」と語っている。

120年以上経った今も、名作の風景がそのまま残っている。ゴッホゆかりの建物や場所が村の中に点在しているので、訪れる人々は、ちょっとしたハイキング気分が楽しめる。

L'église d'Auvers-sur-Oise (オーヴェル教会) は、12世紀ごろに完成したノートルダムの教会。ゴッホの描いたこの教会の絵は、現在オルセー美術館に所蔵されている。教会からほど近い場所には麦畑の風景が広がる。まさに名作「カラスのいる麦畑」の風景そのままを目にすることができる。麦畑を抜けると Château d'Auvers (オーヴェル城) の前に出る。この城は、17世紀ごろイタリア人銀行家のリオニ氏によって建てられた。城内には印象派絵画の記念館があり、日本語のオーディオ・ガイドつきで展覧会を見ることができる。城のさらに先には、ゴッホの最期を看取ったガシェ医師の家、

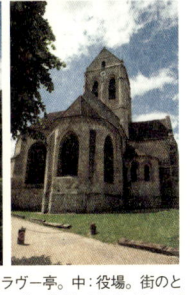

上：ゴッホが滞在していたラヴー亭。中：役場。街のところどころに風景とゴッホの絵が対比できるパネルがある。下右：オーヴェル教会。下左：ガシェ医師の家。

「Maison du Dr. Gachet」があり、当時の様子がそのまま展示されている。

旅の途中、アカシアさんというチャーミングなマダムと家族のグループに出会った。のんびり散策を楽しみながら、家族で過ごす時間を大事にしている、そんな雰囲気が伝わる。途中、ご主人が我が道を行き、はぐれてしまった。アカシアさんは「どこか途中で会えるでしょう」とおおらかに笑う。

ここにはフランス全土からも観光客が訪れる。それほど有名な観光地でありながら日常を保っている小さな村だ。絵心のある方、俳句を詠まれる方は、ぜひともこの村に足を運んでいただきたい。パリから少し離れたゴッホの村には、都会からは想像できない、のんびりとした時間が流れていた。

上：南仏から来たというご夫婦。会話を楽しみながらのんびり散歩。下：「カラスのいる麦畑」の風景。作品の生まれた理由が分かる気がする。

Auvers-sur-Oise
オーヴェル・シュル・オワーズ

交 パリSaint-Lazare駅からPontoise行きの電車に乗り、終点のPontoise駅で、Auvers-sur-Oise方面の電車へ乗り換え、終点で下車。

※出発は、Saint-Lazare駅の最上階、Île-de-France（イル・ド・フランス）への発車ゾーンから。切符は駅の窓口、または数か所に設置された「緑色の自動販売機」で購入できる（Île-de-France用、片道5.5€）。Île-de-Franceという表示のないところでは、窓口でも機械でも購入できないので注意。電車は1日に数本。発車ホームの番号は出発10～15分前に表示される。Pontoise行きを探して時刻をチェック。ホームに入る前に切符を通すのを忘れずに。Pontoise駅からの乗り換え時間はわずか5分ほどしかない。乗り換え先のホームが少々離れているので足早に歩くことをおすすめする。

右：港街ならではの魚の出汁が効いたスープ。左：街の中心となる旧港。ブーダンの描いた空がある。下：ポン・レヴェックから陶器を実演販売しに来るマダム。

Honfleur & Deauville
オンフルール＆ドーヴィル

印象派の光に出合える ノルマンディー地方の旅

印象派の原点がある港町オンフルール

海のない大都会パリに住む人々は、夏のバカンスには海を求めて旅立つ。人気はノルマンディーの海。南仏に比べてパリから近いうえ、印象派の画家達に描かれた陽光あふれるみずみずしい風景を満喫できるからだ。

印象派を語るに欠かせない小さな港町、「オンフルール」。印象派の巨匠とされるウージェーヌ・ブーダン生誕の地でもある。アクセスは意外と簡単。パリのGare Saint-Lazare（サン・ラザール駅）から列車で1時間半、Lisieux（リジュー）という町で降り、駅から50番のバスに乗ってさらに1時間ほどでオンフルールの港に着く。途中、木骨造りの家々、牛や羊の家畜、広大な放牧地といったいかにもノルマンディーの田舎らしい景色が目前に広がる。

町自体は本当に小さい。旧港に面したカフェのテラスでのんびり、ただ光の変化と色を感じるだけでもいい。モネの名作に見られるような風景を見ながら、静かに過ごすのもいい。市街から15分ほど歩いた高台には、有名なホテル「ラ・フェルム・サン・シメオン」があり、宿泊しなくとも、サロン・

ド・テヤ、スパ、レストランなどが利用できる。ここはモネがオンフルールに来たときに過ごした場所であり、多くの著名人が常宿としたホテル。ここからは、オンフルールとル・アーヴルをつなぐノルマンディー橋や、海や田園風景といった美しいノルマンディーの景色が見られ、心が洗われるスポットだ。

毎週水曜日、フランス最古の木造教会、サント・カトリーヌ教会周辺にBio(オーガニック)の朝市が立つ。「オンフルールの魅力は小さな路地の散策だね」と言うのは、チーズで有名なPont-l'Évêque(ポン・レヴェック)から毎週来るルネさん。カマンベール入れ、バター入れなどの陶器を制作実演しながら販売するバイタリティあるマダムの姿がそこにあった。

オンフルールからドーヴィルへ

オンフルールからバスに乗って30分程度で「ドーヴィル」に着く。「ダバダバダ、ダバダバダ」で知られる名作映画『男と女』(1966年)の舞台になった世界的に有名な避暑地だ。

右:トゥルーヴィルの魚市。新鮮な魚介類が味わえる。左上:ノルマンディー・ホテル。この地方ならではの木骨造り。左下:別荘が建ち並ぶドーヴィルの街並み。

バスはTrouville-Deauville（トゥルーヴィル・ドーヴィル）駅に着く。駅を背にし、右側がトゥルーヴィル、そして左がドーヴィルとなり、二つの町の特徴は大きく異なる。トゥルーヴィルにちょっと寄り道してみると、ここでは、活気ある市場など、地元の人々の生活が垣間見られる。中でも獲れたての新鮮な魚介類を売る魚市は特筆すべき。魚介類の盛り合わせや魚のスープが市場前のテーブルで味わえるから、家族で食事をするならトゥルーヴィルがいいだろう。食後はドーヴィルへ移動。徒歩20分程度で海岸に着く。『男と女』の舞台となった「ノルマンディー・ホテル」も健在、隣には同経営のカジノもある。海岸には白い砂浜が続き、人々もどこかリュクスだ。テニス・クラブ、ポニー乗馬、ミニ・ゴルフなど、レジャー施設が充実しているが、何もせずに、名作を生み出した風景に浸るのもいいだろう。

日帰りで行くことも、一泊してのんびりすることもできるこれらの街。ノルマンディー地方の異なる美味しさを味わう、魅力的なパリからの小旅行をぜひ。

白い砂浜が広がるドーヴィルの海岸。至るところにパラソルが。

La Ferme Saint-Siméon
ラ・フェルム・サン・シメオン

住 Rue Adolphe-Marais
　 14600 Honfleur
☎ 02 31 81 78 00
€ 150〜990€／1部屋1泊
他 英⚥
http://www.fermesaintsimeon.fr/

Honfleur
オンフルール

交 パリSaint-Lazare駅より普通列車で1時間30分。Trouville-Deauville行き、またはCherbourg行きに乗り、Lisieux駅下車。Bus Verts社のバス50番に乗りオンフルールへ。Place a.Sorel下車。

Deauville
ドーヴィル

交 オンフルール（Place a.Sorel）からBus Verts社の20番のバスで約30分。終点Trouville-Deauville駅下車。パリからは、Saint-Lazare駅よりTrouville-Deauville駅まで直通の急行で約2時間。終点下車。

Meaux
モー

気軽に足を延ばせる小さな田舎町

セーヌ川の支流、マルヌ川が流れ込むモーの街。

散歩に訪れたい小さな名産地

 約3万6000あるフランスの市区町村はいずれも個性的で、どこに行っても退屈しない。セーヌ・エ・マルヌ県にある町「モー」も、ユニークな町のひとつだ。パリの東方のマルヌ川上流に位置するモーは、中世から続く古い町。Brie de Meaux（ブリー・ド・モー）チーズをはじめ、マスタード、野菜、ビールなどの名産地でもある。何より、パリから電車で約40分と近いため、気軽に行ける名産の地として知られている。

ヨーロッパの古い街並みがそのまま残る旧市街

 モーの魅力は何といっても、旧市街地の街並みだ。足を踏み入れたとたん「ヨーロッパの古い町に来たんだな」と喜びもひとしお。「旧市街」へは、モー駅から、左手に見えるLa Cathédrale Saint-Étienne（サン・テティエンヌ大聖堂）の高い塔を目指して10分ほど歩く。Mairie de Meaux（市庁舎）が見えてきたら、そこはもう旧市街。Cité Episcopale de Meaux（司教都市）と呼ばれる中心地に、サン・テティエン

ヌ大聖堂、Le Vieux Chapitre（大聖堂参事会）、Musée Bossuet（ボスエ美術館）などの建築物が迎えてくれる。ボスエ美術館の裏手には、ヴェルサイユ宮殿の庭園などを設計したアンドレ・ル・ノートル氏が作ったとされる庭園があり、無料で入ることができる。庭の通路には、公衆トイレもあってかなり便利だ。

この町のもうひとつの見所はマルシェ。日によって開催される場所が変わるので、観光局で地図をもらおう。観光局のサイトにも情報が載っている。ぜひ、試してみたいのは、名高いチーズ、ブリー・ド・モー。いろいろな種類があり、中には真ん中に名産のマスタードを挟んだものもある。直径40センチメートルもあるブリー・チーズがマルシェの店頭に並んでいることも。

余談になるが、モーは、第一次世界大戦の「マルヌの会戦」の戦場となった場所にも近い。駅前からM6番のバスに乗れば、Musée de la Grande Guerre（第一次世界大戦記念博物館）を見学することもできる。今では平和な町も、かつてはドイツ軍の猛攻を受けた壮絶な過去を持つ。美しきフランスの知られざる一面だ。

上・中：旧市街の見所であるサン・テティエンヌ大聖堂。庭も美しい。左：マルシェに出店していたチーズ店"Fromagerie Ganot（フロマージュリー・ガノ）"の店先。ぜひブリー・チーズを買ってみたい。

Meaux
モー

🚆 パリ東駅より、Meaux行きの各駅列車で約40分。終点下車。
※東駅のÎle-de-France（イル・ド・フランス）への列車の出入りするゾーンのホームから出発（片道7.5€）。
※マルシェ以外の食品店のほとんどは、午後1時半〜4時ごろまで昼休みで閉店するので注意。
http://www.tourisme-paysdemeaux.fr/（モー観光局）

これだけ覚えれば大丈夫　簡単フランス語会話

外国旅行に行ったら、その国の言葉を片言でも覚えて使うと、
人々との交流が深まり、思い出深い旅になる。
特にパリジャン・パリジェンヌは話すことが大好き。黙っていてはもったいない。
もし両親が外国語が苦手でも、簡単なフランス語に挑戦してもらえば、
個人旅行ならではの旅の醍醐味を味わってもらえるに違いない。

※カタカナはあくまでも参考表記です。ここでは、なるべく実際の発音に近い表記をしています。

フランス語監修：
Naomi B Sauvage HATAKEYAMA（畠山 奈保美）
パリ在住20年。演劇と音楽などのインテグレイト・アーティストとして国境を越えて活躍中。Dorée Kami Co.,Ltd in France代表。日本で発足させた『ドレカミ倶楽部』のサイトは、在日フランス大使館の文化パートナーとして公式認定を受け、さまざまな活動を展開している。
http://www.doreekami.com/

©天野裕子

1. 基本の挨拶

フランスでは、どんなときでも挨拶を交わすのが基本。お店に入るときや出るとき、話しかけるとき、親切にしてもらったときなど、笑顔でひと言挨拶を。まずは簡単で、いつでも使えるフレーズを両親にも覚えてもらおう。

こんにちは。
ボンジュー *Bonjour.*
朝と昼間に使うあいさつ。夜の場合は「ボンソワー Bonsoir.」になる。

ありがとう。
メルスィー *Merci.*
何かしてもらったときは、小さなことでも必ずお礼を言おう。ウェイターに料理を運んでもらったときや、お釣りを受け取るときにも使う。

お願いします。
スィル・ヴゥ・プレ *S'il vous plaît.*
英語の「プリーズ」と同様、メニュー名の後に添えるだけで注文できる便利なフレーズ。

さようなら。
オ・ルヴォワー *Au revoir.*
レストランや店を出るとき、フランス人と別れるときに必ず使われる。これと合わせて「ア・ビアントー À bientôt.（またね）」なども便利。

2. ショップ&マルシェで

流暢でなくとも、フランス語での会話に挑戦すれば、お店の人との親交も深まる。聞き取れなかったらあいまいに笑って済まさず、聞き返そう。金額などは紙に書いてもらうのが確実。特に躍動感あふれるマルシェでのやり取りは貴重な体験だ。

(商品を指差して)これをください。
ジュヴゥドレ・ススィー *Je voudrais ceci.*

これはいくら？(単に値段を聞くとき)
セ・コンビアン？ *C'est combien?*

これはいくら？(もう買うことを決めて、用意してもらった商品に対して)
ジュ・ヴゥ・ドワ・コンビアン？ *Je vous dois combien?*

似合うと思う？(ショップの店員さんなどに意見を求めるとき)
コモン・トオーヴェ・ヴゥ？ *Comment trouvez-vous?*

母(父)に似合う服を見立ててください。
エスク・ヴゥ・プゥヴェ・ショワジー・アン・コステュウム・プー・マ・メール(モン・ペール)？
Est-ce que vous pouvez choisir un costume pour ma mère (mon père)?

ヌ・ザヴォン・コンフィアンス・アン・ヴゥ！
Nous avons confiance en vous!

下の文は、「貴方のお見立てを信頼しています」という意味。さらっと何気なく言うことで、相手に良い意味でのプレッシャーを与えて、より良いアドバイスを引き出す方法。ただし、相手を見てから言わないと逆効果になることも。

試食(試着)できますか？
エスク・ジュ・プゥ・エッセイエー？
Est-ce que je peux essayer?

(買うかどうかは)ちょっと考えてみます。
ジュ・ヴェ・レフレッシー *Je vais réfléchir.*

あなたはとても親切な店員ね、感謝します。
ヴゥ・ゼット・トレ・ジョンティー(ユ)、ジュ・ヴゥ・ルメルスィー
Vous êtes très gentil(le), je vous remercie.

ひと言添えるだけでスマートな印象に。「ジョンティーユ」は店員が女性のとき。

3. レストラン＆カフェで

カフェなどで、お店の人との会話を楽しむのも旅の楽しみのひとつ。おしゃべり好きのウェイターも多い。英語も交えたりしながらで構わないので、コミュニケーションを取ってみよう。両親の話を訳して伝えれば、素敵な親子旅に関心を持ってもらえるはず。

コーヒー(紅茶)を一杯ください。
ジュヴゥドレ・アン・カフェ(テー)、スィル・ヴゥ・プレ
Je voudrais un café (thé), s'il vous plaît.

英語のメニューはありますか？
エスク・ヴゥ・ザヴェ・アン・ムニュ・アンナングレ？
Est-ce que vous avez un menu en anglais ?

お腹に優しい(重くない)メニューはどれですか？
カヴェ・ヴゥ・コム・プラ・モワン・リッシュ・エ・プリュ・サンプル？
Qu'avez-vous comme plats moins riches et plus simples ?

お腹がいっぱいでもう食べられません。
ジェ・トロ・モンジェ
J'ai trop mangé.
ジュ・ネ・プリュ・ドゥ・プラス・プゥ・モンジェ
Je n'ai plus de place pour manger.

とても美味しかったです。
セテ・トレ・ボン *C'était très bon.*
セテ・デリシュー *C'était délicieux.*

お勘定をお願いします。
ラディッション、スィル・ヴゥ・プレ
L'addition, s'il vous plaît.

トイレはどこですか？
ウー・ソン・レ・トワレット？
Où sont les toilettes ?

カフェのトイレなどは、入るときにトイレ用のコイン(Jeton ジュトン)を入れる場合や、50セントの硬貨を入れる場合があるので、無料かどうかも確認した方が良いだろう。

(トイレは)無料ですか？
エスク・セ・グラテュイ？
Est-ce que c'est gratuit ?

4. 緊急のとき

年配の両親を連れた旅では、とにかく安全が優先。必要な情報は英語かフランス語でメモをしていつも持ち歩くこと。それでも緊急で困ったときは、臆せずに助けを求めよう。パリの人々は困っている人に手を差し伸べてくれる。

手を貸してください。
エスク・ヴゥ・プゥヴェ・メデー？
Est-ce que vous pouvez m'aider ?
エデ・モワ、スィル・ヴゥ・プレ
Aidez-moi, s'il vous plaît.

こちらは私の母(父)です。
セ・マ・メール(モン・ペール)
C'est ma mère (mon père).

助けてください！
オ・スクー！
Au secours !
引ったくりなど、本当の緊急時に使う一般的なフレーズ。これを思いっきり大声で叫べば、どんなに無関心な顔をしたパリジャン・パリジェンヌも、思わず反応してくれるはず。

日本語のできる方はいませんか。
エスキリア・ケルカン・キ・パルル・ジャポネ？
Est-ce qu'il y a quelqu'un qui parle japonais ?

この近くにトイレはありますか？
エスキリア・デ・トワレット・プレ・ディスィー？
Est-ce qu'il y a des toilettes près d'ici ?
パリ市内には約400か所も公共トイレ (Les Toilettes Publiques) があるのだが、故障していて使えないことが多い。その場合、"Hors de service (使用不可)" と表示してある。近くのカフェに入るのがベター。

タクシーを呼んで頂けませんか？
エスク・ヴゥ・プゥヴェ・ザプレ・アン・タクシー？
Est-ce que vous pouvez appeler un taxi ?
フランスは無線タクシーが発達しているが、タクシー乗り場を探すのも大変だし、乗り場にタクシーがいないことも多い。

(タクシーで)この住所までお願いします。
プゥヴェ・ヴゥ・ザレ・ア・セッタドレス、スィル・ヴゥ・プレ？
Pouvez-vous aller à cette adresse, s'il vous plaît ?
フランスの住所の発音が通じないと、全く違う所に行ってしまうので、メモ帳などに、大きく分かりやすく行き先を書いておいて、それをドライバーに渡すのが一番確実。

フランスの福祉・老後対策

長寿の国フランスの定年後の暮らし方

　欧米でも有数の長寿国であるフランス。特に女性の平均寿命は84.8歳（2012年調べ）と世界第4位の長寿を誇る。長寿ということは、定年（Retraite）から長い老後が始まるということだから、定年後の生き方についても、世間の関心は高い。定年は一般に62歳。フランスの年金制度は複雑で、公務員、農業、民間企業のサラリーマンなど職種によって制度が違う。さらに公的年金や企業年金、任意の追加年金などさまざまな種類がある。

　さて、フランス人が待ち望んだ定年を迎えると、旅行や、スポーツや絵画などの趣味に打ち込む人がいれば、ボランティア活動に取り組む人もいる。もともと会社とプライベートを分けて暮らしてきた彼ら。定年後もパートなどに出て働く人は少ない。

フランスのシニアはTrente Glorieuses（黄金の30年）と呼ばれ、第二次世界大戦後から1970年代の始めまでの高度経済成長を体験した世代に当たる。失業率1％以下で職にあぶれることもなく、普通に勤めていればマイホームが手に入る時代だった。このころの蓄えに加え、年金も十分に受給し、現役の中年層や若者世代よりも豊かに暮らすシニアも多い。故郷から離れて外国に移住したり、1年のうちの何カ月かを別荘で過ごしたりする人も少なくない。最近では、気候が良く物価の安いモロッコやチュニジアの人気が高い。年々物価が上がるフランスでギリギリの生活をするよりも、これらの国で優雅な生活を選ぶというわけだ。

手厚い社会保障制度

もちろん、誰もがバラ色の老後を過ごせるわけではない。がんやアルツハイマーといった健康面や介護のこと、年金の財源不足問題など、日本と同様の不安は山積みだ。さらに、ひとり暮らしのシニアの数はできる。老人ホームなどとは別に高齢者を対象にした公共集合住宅も存在する。特に、医療制度には定評があり、一般のフランス人はみな国民健康保険（Sécurité Sociale セキュリテ・ソシアル）に加入しなければならない。さらに任意の医療保険（Mutuelle ミュチュエル）などを加えると、最小限の自己負担で治療が受けられる。また、出産をはじめ、がんなどいくつかの重大な疾病については治療費自体がかからない。

離婚率が高く、元々子どもや孫達と一緒に住む習慣がないフランスでは、年々独居老人の数が増え続けている。アムール（愛）の国フランスで、常にパートナーと過ごすことに慣れているからこそ、孤独という現実と対峙するのは難しいようだ。

他方、フランスには社会保障制度が充実しているという安心感がある。何といってもフランスは、付加価値税（消費税）が19.6％の国だ（2012年時点）。これだけ高い税金を、ストライキが大好きなフランス人が良く許すなと思うが、それには理由がある。支払った税金が、さまざまな社会保障制度という形でちゃんとリターンされることを、彼らも心得ているからだ。

れる生活保護を受け、低所得者のための公共集合住宅（HLM）に入居することが17％。長引く不況で国家の財源は底を尽きかけているのが現実だが、手厚い社会保障制度はフランス人の誇りでもある。2012年5月に大統領に就任したオランド氏は社会党で福祉や教育に重点を置いており、その舵取りに注目が集まっている。

シニアに限らないが、経済的に困窮している場合、フランス国民はRSAと呼ば

ゆったり親子旅行におすすめの交通手段

**パリ観光を充実させるためには乗りものの選択がとても大切。
限られた時間を有意義に過ごすために、
親子旅行にぴったりのパリの交通手段をご紹介。**

公共交通機関

メトロ Métro

パリの地下鉄。早くて確実な交通手段。長期滞在の人にはチャージ式の一週間の定期券 Navigo Découverte（ナヴィゴ・デクーヴェルト）がおすすめ。その他、数日の滞在で1日中活動的に動き回りたい人には乗り放題のParis Visite（パリ・ヴィジット）やMobilis（モビリス）、また1日の移動が少ない人なら回数券Carnet（カルネ）と使い分けたい。チケットはゾーン制（Zones）で、パリ市内のゾーンは1-2。市内と郊外を何度も往復するのでなければ1-2ゾーンを購入するだけで十分。チケットはメトロの駅やタバコ屋で購入できる。ただし、メトロはスリの多発地帯なので注意。特に深夜のメトロは危険なので避けたい。
http://www.ratp.fr/（メトロ、バス、トラム共通のサイト。一部日本語あり）

鉄道 Train

パリと郊外をつなぐ高速鉄道がRER（エールウーエール）。ヴェルサイユ宮殿やシャルル・ド・ゴール空港、ディズニーランドなどに行く場合はこのRERを利用する。パリ内の利用ならメトロのチケットと共通で、駅で購入できる。一方、パリからの長距離移動にはフランスの国鉄SNCF（エスエヌセーエフ）を利用する。行きたい地方に応じてパリ北駅、東駅、モンパルナス駅、リヨン駅などから発着する。中でも、フランス国内の各都市を結ぶフランスの新幹線TGV（テージェーヴェー）は早くて快適と評判。また、ロンドンへ足を延ばしたいなら、イギリス海峡トンネルを通ってパリとロンドンを結ぶEurostar（ユーロスター）を利用する。発着はパリ北駅。2時間15分とあっという間の旅。国鉄の場合は、60歳以上から購入できるCarte Senior（カルト・シニア）がある。TGV、簡易寝台列車などがシーズンによって25〜50％割引になるパスで、1年有効で57€。滞在期間が長く、移動が多い旅なら一考の価値あり。
http://www.voyages-sncf.com/（英語あり）

バス Bus

案外使い勝手がいいのがバス。階段の昇降が少なく、メトロに比べて治安も悪くない。ただし、路線が多く分かりにくいことや、休日は動かない路線があるのが欠点。まずは、ホテルの近くを通り、エッフェル塔やルーヴル美術館など分かりやすい場所に行く路線を探してぜひ試してみよう。チケットはメトロと共通。乗るときに運転手から直接チケットを買うこともできる。前から乗り、切符を改札に通し、降りるときは座席近くにあるボタンArrêt Demandéを押して後ろから降りる。

トラム Tramway

パリの街を囲むように走っているのが路面電車Tram（トラム）。中心の観光地は通らないが、パリの景色が見える上、車体も新しくて乗り心地は快適。チケットはメトロと共通。乗り換えが30分以内ならメトロからの乗り継ぎもできる。

その他

タクシー Taxi

メトロやバスが便利とはいえ、夜遅い時間の移動は治安上タクシーがおすすめ。すべてのタクシーはメーター制で交渉の必要もなく目的地を告げるだけでOK。行き先の住所を書いたメモや名刺などを見せるとより確実だ。車体の上に"Taxi Parisien"と掲げた白い看板が目印。日本と違って道路で拾うことはほとんどできない。駅前や大通り、デパートの前などにある、Taxiと書かれた青い看板の乗り場で拾う。夕方の繁華街などではなかなかつかまらないこともある。ホテルから朝早く出発する場合などはフロントに頼んで呼んでもらおう。

ヴェリブ Vélib'

パリ市が主催しているレンタル自転車。パリの至る所に駐輪場があり、申し込みもその場でできる。車道を走るため、旅行者にはやや運転が難しいが、普段から自転車に乗りなれているアクティブな人には便利。チケットは1日券（1€）、ICチップつきのクレジットカードのみで購入できる。自転車を借りて、近くの駐輪場に30分以内に返却すれば無料。

ちょっと贅沢なチャーター車

パリ・リムジンサービス（運転手つき専用車サービス）

経験豊かな日本人ドライバーが数名在籍。視察や出張など企業のビジネス利用も多く、安心して利用できる。空港送迎の他、日本人ドライバーつき専用車で、観光も楽々。

☎ 01 49 21 90 00　✉ info@carat-pls.fr（日本語OK）　€ 4時間358€、8時間652€

コム・デ・パリジャン（専用車、ガイドサービス）

空港送迎から地方への旅のアテンド、ショッピングのアドバイスまで、頼れるガイドのかおりさんが相談に乗ってくれる。ベンツでのゆったり移動でパリを贅沢に楽しめる。

☎ 09 50 07 37 63（日本語OK）　€ 4時間650€、8時間1180€
http://commedesparisiens.com/

メトロの入り口

ヴェリブ

※チャーター車の料金は2012年度の参考価格。詳細はお問い合わせを。

大人も安心、パリ旅行の手ほどき

パリ観光に慣れている人でも、やっぱりここは海外。
日本では考えられないハードルがいくつかある。
安心してパリ旅行をするための手ほどきをご紹介。

ロングフライトのポイントと空港からの移動手段

パリ–東京間は直行便でも12時間を超える長い長いフライト。とはいえ、ビジネスクラスは予算的になかなか難しい。そんな人には、席が少しゆったりした「プレミアムエコノミークラス」がおすすめ。ほとんどの直行便にあり、時期によっては手の届く価格になる。

羽田空港を夜に出発して、早朝パリに着く便は、パリの滞在時間を有効に使えると好評だ。しかし、着いたその日から観光をするのは、両親の世代には体力的に厳しい。宿は前日から予約しておくか、アーリー・チェック・インの予約をしておき、着いた日の午前中は部屋でゆったり過ごすなどのスケジュールを組みたい。

シャルル・ド・ゴール空港からパリ市内の移動も、なるべく体力を消耗しない手段を選びたいもの。渋滞がなければタクシーで1時間弱の距離。50〜70€程度の予算。オペラ座界隈の宿なら、オペラ座横発着のRoissy Bus（ロワシー・バス）も便利。モンパルナスか凱旋門の近くの宿であればLes Cars Air France（エールフランス・バス）という選択肢もあるが、3人以上ならタクシーと予算は変わらない。

空港からの移動手段

- Taxi タクシー　片道50〜70€程度
- Roissy Bus ロワシー・バス　片道10€
  http://www.ratp.fr/ja/ratp/c_22211/roissybus/
- Les Cars Air France エールフランス・バス　片道15.5€〜16.5€
  ※エールフランスのWEBサイトでの事前購入や往復割引あり
  http://www.lescarsairfrance.com/en.html/

パリ旅行を楽しむためのポイントは「余裕のあるスケジュール」

せっかく訪れた憧れの街パリ。「いろいろなものを見たい、買いたい」という気持ちは分かるが、スケジュールを詰め込みすぎて負担のかかる旅のプランは禁物。特に、両親を連れた旅の場合、若い人のスピードに合わせるのではなく、ゆとりを持ったプランにすることが鉄則。観光やショッピングに疲れたら、昼間でも宿に戻ってひと休みするくらい余裕のあるスケジュールにしたい。そのためには、観光地からすぐに戻れるパリ中心のホテルを選ぶことが大切だ。また、パリでは春から夏にかけて、夜22時ごろまで日が暮れないため、慣れない旅行者は体調を崩しやすい。「明るいから」とついホテルへの帰りが遅くなってしまうので、疲れをためないよう注意したい。

年間を通して湿度の低いフランスでは、水分補給は必須。汗をかいても知らず知らずのうちに肌が乾いてしまうほど乾燥しているので、体内の水分が不足しがち。ミネラル・ウォーターを常に一本くらい鞄に入れておきたい。パリの水道水は基本的に安全だが、体調が悪いときに飲むのはやめておいた方が良い。日本ではあまりなじみがないが、ガス入りのミネラル・ウォーターは消化を助けるといわれているので、胃が重いと感じたときはおすすめ。街のスーパーなどで購入できる。

頭を悩ませるトイレ問題

パリを旅するとき、日本人の頭を悩ませるのが「トイレ問題」。駅やコンビニと至る場所にトイレが設置されている日本と違い、ほとんどの駅にトイレがなく、観光地では長蛇の列。外出前に宿で済ませるのは基本だが、こればかりは生理現象、街歩きの途中で急に行きたくなるときもある。そんなときのアイデアを紹介したい。

もっとも手軽なのは「カフェ」を利用すること。カウンターでエスプレッソでも注文し、スタッフに"Les toilettes, s'il vous plaît（レ・トワレット・スィル・ヴゥ・プレ）"と声をかけてトイレを借りよう。カウンターは立ち飲みのため他の席よりも飲みもの代が安く、カフェやビールを楽しむおじさん達がたむろしていて、パリの普段の顔が垣間見られるメリットもある。ほとんどのカフェではトイレだけ借りることもできる。お礼には50セント程度の小銭を置くといい。店によっては、コイン式のトイレもある。レジで小銭と引き換えにJeton（ジュトン）と呼ばれるコインを受け取り、トイレのドアにコインを入れると開く。ちなみにマクドナルドなどのファスト・フード店では、レシートに記載されているコードを押さないと使えないトイレもあるので、レシートはしっかり保管しよう。

以前は有料だった路上の公衆トイレは2006年から無料になり、清潔で使いやすくなった。市内には現在この公衆トイレが400個設置されている。それでも公衆トイレはちょっと…という人は、パリならではの遊び心に満ちた有料トイレPoint WC（ポワン・ヴェーセー）もおすすめ。雑貨店のようなモダンな内装で、凝ったデザインのトイレ・グッズも購入できる。

有料トイレ　Point WC（ポワン・ヴェーセー）
€ 1.5€
住 ①26, avenue des Champs-Élysées 75008 Paris（Élysées 26内）
　　②64, boulevard Haussmann 75009 Paris（プランタン・デパート内）
　　③99, rue de Rivoli 75001 Paris（Carrousel du Louvre内）
http://www.pointwc.com/

パリで休憩したくなったら

これといった休憩の場所がないパリの街。代わりにカフェと公園が豊富にある。ルーヴル美術館の横にあるチュイルリー公園や、凱旋門近くのモンソー公園、カルチェ・ラタンにあるリュクサンブール公園など、人気エリアには必ず大きな公園がある。美しく手入れされた庭園、噴水、野外彫刻など見どころもいっぱい。公園のベンチで、のんびりと過ごすパリジャンを真似して、疲れた身体を休めたい。

カフェで休憩するなら、天気の良い日はテラス席がおすすめ。ただし店内禁煙のフランスではテラスに座る喫煙者が多く、席を選ばないと煙が流れてくることも。街の喧噪に疲れたら、ホテル内のティー・サロンを利用するのもいい。Inter Continental Hotels（インター・コンチネンタル・ホテル）併設のCafé de la Paix（カフェ・ド・ラ・ペ）や、Mandarin Oriental Hotel（マンダリン・オリエンタル・ホテル）内のCamélia（カメリア）などは、オペラ座やルーヴル美術館から近く、落ち着いた雰囲気と行き届いたサービスで優雅な気分に浸れる。

Café de la Paix（カフェ・ド・ラ・ペ）
住 2, rue Scribe 75009 Paris
Camélia（カメリア）
住 251, rue Saint-Honoré 75001 Paris

憧れのパリライフが体験できる
アパルトマン・ホテルに泊まる

年配者との海外旅行では、食事が口に合うか、体調を崩さないかなどの心配がつきもの。そこでおすすめしたいのが、着いたその日から自宅のように過ごせるアパルトマン・タイプのホテル。調理器具が揃っていて、持参した日本食などが食べられるため、体調管理にはもってこい。日本語で予約ができるアパルトマン・タイプの宿をご紹介。

セジュールアパリ
Séjour à Paris

「パリを暮らす旅」をテーマに、25～170平方メートル超のアパルトマンまで、家族旅行にふさわしい素敵な部屋が見つかる。パリ到着後はコンシェルジュのようなサービスもあり、行先案内、手配業務なども頼める。

物件数：20～30件
価格：平均240€／1部屋1泊
予約方法：電話またはHPからメール
お問い合わせ：日本正規予約代理店 ㈱リージェンシーグループ tel.03-5775-2032（東京）
http://www.kurasutabi.net/paris/

パリ生活社
Paris Seikatsusha

1泊あたり6,500～15,000円という手ごろな価格設定が魅力。出発前のガイダンスや、小旅行や各種教室の予約ヘルプサービスなども受けられる。サイトに掲載されている360度パノラマ物件写真は、細部まで見られて部屋のイメージがつかみやすい。

物件数：31件（2012年6月現在）、すべてパリ市内
価格：6,500～15,000円／1部屋1泊
予約方法：電話またはHPからメール
お問い合わせ：tel.03-3238-5377（東京）、01 45 49 14 51（パリ）
http://www.paris-seikatsu.com/

パリシェモア
Paris chez moi

ワンルームから100平方メートル超の大アパルトマンまで、豊富な部屋タイプから選べる。すべての部屋にネット完備、日本への固定電話無料サービスあり。荷物の上げ下ろしサービスつきの送迎タクシー（オプション）や、女性スタッフによるきめ細かなサービスも好評。

物件数：約40件
価格：40～300€／1部屋1泊
予約方法：HPからメール
お問い合わせ：tel.06 17 28 68 20（パリ）
http://www.parischezmoi.com/

ジャディス
JaDiS

徹底したコスト削減で安価なアパルトマン紹介を実現。ひとりまたは二人用のアパルトマンがほとんどだが、サン・ジェルマン地区やオペラ地区など便利な立地が多い。

物件数：20～25件
価格：50～80€／1部屋1泊
予約方法：電話またはHPからアクセス
お問い合わせ：tel.03-5775-2422（東京）
http://www.jadis.jp/

パリDEアパート
Paris DE Apart

こちらのアパルトマンはそれぞれのオーナーの個性が表れた内装で、パリならでは雰囲気が味わえる。空港出迎えサービスでは、スタッフが荷物も運んでくれる他、緊急時のコール対応もあり滞在中も安心。

物件数：9件
価格：8,500～13,000円／1部屋1泊
予約方法：HPからメール
お問い合わせ：HPからメール
http://www.paris-de-apart.com/

両親も安心！パリ旅行の医療情報

両親の具合が悪くなったり、怪我をしたりしたときなどに、慣れない外国語で対応するのはかなり困難。そこで、緊急時に日本語が通じる機関や、チェックしておくと便利なアドレスをご紹介しよう。

日本語が通じる医師・病院

太田博昭医師（大使館顧問医）
精神科・精神療法、心の健康相談

住 59, boulevard Victor 75015 Paris
☎ 01 45 33 27 83

ドゥイエブ医師　Dr. Patrick DOUIEB
内科・小児科・産婦人科

住 65 bis, avenue Victor Hugo
　 92100 Boulogne-Billancourt
☎ 01 46 03 37 24

谷村医師　Dr. Remy TANIMURA
歯科

住 8, place du Général Catroux 75017 Paris
☎ 01 56 33 39 00

American Hospital of Paris
（アメリカン・ホスピタル）

住 63, boulevard Victor Hugo
　 92200 Neuilly-Sur-Seine

入院設備のある総合病院で、救急外来もある。必要な場合、日本人セクションで通訳サービスなどが受けられる。

☎ 01 46 41 25 25（代表）
☎ 01 46 41 25 15
　（日本人セクション9：00～18：00）
☎ 01 46 41 26 16
　（三村佳弘医師：内科、皮膚科）
☎ 01 46 41 25 15
　（日本語24時間サービス）
http://www.american-hospital.org/

深夜営業の薬局

Pharmacie Première

住 24, boulevard de Sébastopol 75004 Paris
☎ 01 48 87 62 30
時 8：00～24：00

Pharmacie les Champs

住 84, avenue des Champs-Élysées 75008 Paris
☎ 01 45 62 02 41
時 24時間営業

Drugstore Champs - Élysées

住 133, avenue des Champs-Élysées 75008 Paris
☎ 01 47 20 39 25
時 24時間営業

Pharmacie Européenne de la Place Clichy

住 6, place de Clichy 75009 Paris
☎ 01 48 74 65 18
時 24時間営業

Pharmacie des Halles

住 10, boulevard de Sébastopol 75001 Paris
☎ 01 42 72 03 23
時 9：00～24：00

※普通の薬局は19～20時くらいで閉まるところが多い。パリに着いたら、滞在先近くの薬局の営業時間や定休日を調べておくと良い。英語が通じる人もいるが、基本的にはフランス語対応。

パリ便利帳

いざというときに役立つ、パリの便利なアドレスや、
旅行前の情報収集に役立つ情報サイトをご紹介。

在フランス日本国大使館
パスポートの紛失や事故、事件に巻き込まれたときの相談先。
住 7, avenue Hoche 75008 Paris
☎ 01 48 88 62 00
時 9:30〜13:00、14:30〜17:00
休 土、日、祝

ギャラリー・ラファイエット ジャパニーズ・カスタマー・サービス
日本語で免税の手続きや買いものの相談に乗ってくれる。
住 40, boulevard Haussmann 75009 Paris
　（ギャラリー・ラファイエット本館地下1階）
☎ 01 42 82 38 33
時 9:30〜20:00（木曜は21:00）
休 日、祝

パリ1区警察署
万が一スリなどの被害に遭ってしまったらここへ。ルーヴル美術館やオペラ座に近く、日本人観光客に慣れている。一部、日本語の書類も用意されている。
住 45, place du Marché Saint-Honoré 75001 Paris
☎ 01 47 03 60 00

ボヤージュ・アラカルト
オペラ座周辺の日本人街にある、日系の旅行会社。パリから地方や海外へ足を延ばしたいときに、日本人スタッフがチケットの手配やアドバイスをしてくれる。
住 48, rue Sainte-Anne 75002 Paris（青い扉をくぐった中庭の突き当たり）
☎ 01 42 96 91 20
時 9:30〜18:00（月〜金）、10:00〜18:00（土）
休 日、祝
http://www.voyages-alacarte.fr/jp/

欧州ヤマト運輸
買いものをし過ぎで重量オーバーが気になったら、パリから送ってしまおう。ワインなどにも対応してくれ、ホテルへのピックアップも可能。
住 21, rue d'Argenteuil 75001 Paris
☎ 01 42 97 58 99
時 9:00〜17:00（月〜金）、10:00〜15:00（土）
休 日、祝

両替所
パリには多くの両替所があるが、手数料が余計にかかったり、レートが悪いところも多い。特に空港やホテルはレートがあまり良くない。下はオペラ座近辺で評判の良い両替所。

メルソン両替所 Merson Change
住 33, rue Vivienne 75002 Paris
☎ 01 42 36 24 82
時 9:00〜19:00（月〜金）、10:00〜18:00（土）
休 日、祝

CCO両替所 Comptoir Change Opéra
住 9, rue Scribe 75009 Paris
☎ 01 47 42 20 96
時 9:00〜18:00（月〜金）、9:30〜17:00（土）
休 日、祝

日本にいながら、パリの最新情報が分かるサイト

在フランス日本国大使館　フランス安全情報
フランスやパリで起こった犯罪がタイムリーに紹介されている。事前に必ずチェックして、犯罪の傾向や危険なエリアなどを確認しよう。
http://www.fr.emb-japan.go.jp/jp/anzen/index.html

フランス観光開発機構 ランデヴー・アン・フランス
フランス旅行に関する総合サイト。最新の観光情報が掲載されているので、旅行プランを立てるのに最適。フランスの地方の情報も充実している。フランスの旅行が当たるクイズなども常時行われている。
http://jp.rendezvousenfrance.com/

フランスニュースダイジェスト France News Digest
在仏日本人のための日本語情報誌「フランスニュースダイジェスト」が運営する情報サイト。日本人記者達が、パリの文化やイベント情報など、最新の情報を紹介。
http://www.newsdigest.fr/

プレスパリ　PRESS PARIS　通訳派遣OK
当ガイドブックの取材メンバー達が運営するパリの情報サイト。メールマガジン登録をすれば、ガイドブックでは紹介しきれなかった、特別なパリ情報を入手できる。パリでの日本人通訳の紹介も行っている。
http://www.pressparis.com/

緊急電話番号

◎救急車　SAMU（サミュ）：15
◎緊急時の往診　SOS médecins（エスオーエス・メディサン）：01 47 07 77 77（24時間対応）
※基本的にフランス語での対応。
※救急車は有料で基本料金は60€程度。これに移動距離料金が約2€／キロメートルが加算される。

医療情報サイト

◎在フランス日本国大使館・医療情報　http://www.fr.emb-japan.go.jp/jp/iryo/index.html
◎外務省・世界の医療事情　フランス　http://www.mofa.go.jp/Mofaj/toko/medi/europe/france.html

フランスの医療システム

フランスの医療水準は極めて高く、どこの病院でも安心して受診できる。ただし、医療システムや受診手続きで日本とは異なることが多々あるので、違いがあることを知っておくことが大切。

フランスは主治医制。ほとんどの人がかかりつけの医師を持ち、具合が悪くなったらまず主治医の元を訪れる。ただし、直ちに処置を必要とする場合は、昼間でも総合病院の緊急外来で受診可能。反対に、個人の開業医やクリニックでは事前予約が必要になる。薬は、医師から処方箋をもらって近くの薬局で購入する。レントゲン、血液検査などの検査をする場合、開業医に診てもらったときは、患者は医師の処方箋を持って外部機関へ足を運ぶことになる（場合によっては要予約）。

旅行者の心得

旅行者は、海外旅行保険に加入していれば、日本語でのサポートが電話で受けられる（保険契約書などを参照のこと）。保険の支払い対象になるケースにおいては、帰国後に領収書や診断書など必要書類を提出すれば払い戻しが受けられる。緊急時や病気になってしまったときに外国語で対応するのはかなりの困難をともなうので、必要書類や受けられるサービスについては事前に確認しておくと良い。

自分でできる事前準備も大切。持病がある場合は、**主治医の診断書、使っている薬、治療法など**をフランス語または英語に訳したものを持ち歩くくらいの気持ちでいたい。アレルギーがある場合も、**避けたい食品がフランス語でどう表現されるのか**なども出発前に押さえておこう。**両親の常備薬（風邪薬、熱さまし、痛み止め、持病の薬など）** は日本で使い慣れたものを必ず持って行くこと。冷却シートや使い捨てカイロのような便利グッズもフランスにはないので、要持参。

現地に着いてからは、暑いときには**水と帽子とサングラス**、乾燥時には温かい飲みものが入れられる**水筒や保湿クリーム**、とその日の気候に合わせて、自ら保護することも忘れずに。フランス人は薄着をすることが多いが、パリは寒暖の差がとても激しいので、パリジェンヌを真似した格好で出歩くと、風邪を引いてしまい兼ねない。小さくためる上着などを持っていると安心だ。

また、残念ながらパリにはスリが多い。バッグは必ず口を閉めて、しっかりと持つこと。現金はたくさん持ち歩かず、ショッピングや食事の支払いには、なるべくクレジット・カードを利用しよう。ちょっとした注意で病気やトラブルを防げることもあるはずだ。

オペラ座周辺

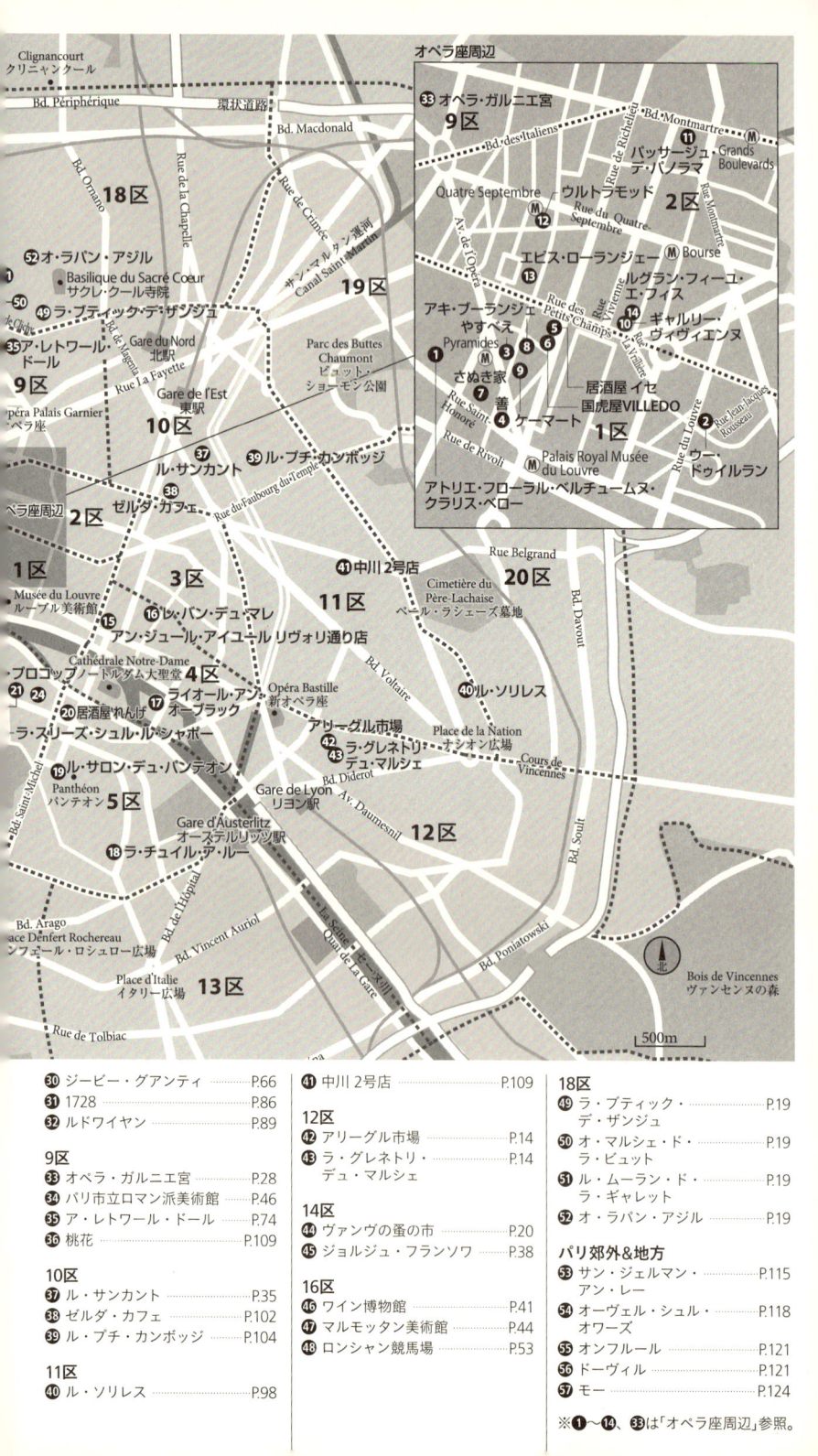

- ③③ オペラ・ガルニエ宮
- 9区
- Bd. des Italiens
- Bd. Montmartre
- パッサージュ・デ・パノラマ
- ⑪ Grands Boulevards
- Quatre Septembre
- ウルトラモッド
- 2区
- Rue du Quatre Septembre
- Av. de l'Opéra
- ⑫
- エピス・ローランジェー Bourse
- ⑬ ルグラン・フィーユ・エ・フィス
- アキ・ブーランジェ やすべえ
- Pyramides ③ ⑤ ⑧ ⑥
- Rue des Petits Champs
- ⑭ ギャルリー・ヴィヴィエンヌ
- さぬき家 ⑨
- ⑦ 善 居酒屋 イセ
- Rue Saint Honoré
- ④ ケーマート
- 国虎屋 VILLEDO
- 1区
- Rue de Rivoli
- Palais Royal Musée du Louvre
- ウ・ドゥイルラン
- アトリエ・フローラル・ベルチュームヌ・クラリス・ベロー

Clignancourt
クリニャンクール
Bd. Périphérique
環状道路
Bd. Macdonald

18区
Bd. Ornano
Rue de la Chapelle

㊹ オ・ラバン・アジル
Basilique du Sacré Cœur
サクレ・クール寺院
㊾ ラ・ブティック・デ・ザンジュ
Rue de Crimée
サン・マルタン運河
Canal Saint-Martin
19区
㉟ ア・レトワール・ドール
Rue La Fayette
Gare du Nord 北駅
Parc des Buttes Chaumont
ビュット・ショーモン公園
9区
Opéra Palais Garnier
オペラ座
Gare de l'Est 東駅
10区
㊲ ル・サンカント
㊳ ゼルダ・カフェ
㊴ ル・プチ・カンボッジ
Rue du Faubourg du Temple
オペラ座周辺
2区
1区
Musée du Louvre
ルーブル美術館
3区
㊶ 中川 2号店
11区
⑯ レ・バン・デュ・マレ
アン・ジュール・アイユール リヴォリ通り店
Cimetière du Père-Lachaise
ペール・ラシェーズ墓地
20区
Bd. Davout
Cathédrale Notre-Dame
プロコップ ノートルダム大聖堂
4区
㉑ ㉔
㉑ ㊵ ル・ソリレス
⑰ ライオール・アン・オープラック
Opéra Bastille
新オペラ座
㉓ 居酒屋 れんげ
ラ・スリーズ・シュル・ル・シャポー
アリーグル市場
⑳
Place de la Nation
ナシオン広場
㊸ ラ・グレネトリ・デュ・マルシェ
Cours de Vincennes
⑲ ル・サロン・デュ・パンテオン
Panthéon
パンテオン
5区
Bd. Diderot
Gare de Lyon
リヨン駅
Gare d'Austerlitz
オーステルリッツ駅
Av. Daumesnil
12区
⑱ ラ・チュイル・ア・ルー

Bd. Arago
Place Denfert Rochereau
ンフォール・ロシュロー広場
Bd. de l'Hôpital
Bd. Vincent Auriol
La Seine セーヌ川
Quai de La Gare
Bd. Poniatowski

Bois de Vincennes
ヴァンセンヌの森

Place d'Italie
イタリー広場
13区
Rue de Tolbiac

Bd. Soult

500m
北

- ㉚ ジービー・グアンティ P.66
- ㉛ 1728 ...... P.86
- ㉜ ルドワイアン P.89

9区
- ㉝ オペラ・ガルニエ宮 P.28
- ㉞ パリ市立ロマン派美術館 P.46
- ㉟ ア・レトワール・ドール P.74
- ㊱ 桃花 P.109

10区
- ㊲ ル・サンカント P.35
- ㊳ ゼルダ・カフェ P.102
- ㊴ ル・プチ・カンボッジ P.104

11区
- ㊵ ル・ソリレス P.98

- ㊶ 中川 2号店 P.109

12区
- ㊷ アリーグル市場 P.14
- ㊸ ラ・グレネトリ・デュ・マルシェ P.14

14区
- ㊹ ヴァンヴの蚤の市 P.20
- ㊺ ジョルジュ・フランソワ P.38

16区
- ㊻ ワイン博物館 P.41
- ㊼ マルモッタン美術館 P.44
- ㊽ ロンシャン競馬場 P.53

18区
- ㊾ ラ・ブティック・デ・ザンジュ P.19
- ㊿ オ・マルシェ・ド・ラ・ビュット P.19
- 51 ル・ムーラン・ド・ラ・ギャレット P.19
- 52 オ・ラバン・アジル P.19

パリ郊外＆地方
- 53 サン・ジェルマン・アン・レー P.115
- 54 オーヴェル・シュル・オワーズ P.118
- 55 オンフルール P.121
- 56 ドーヴィル P.121
- 57 モー P.124

※ ①〜⑭、㉝は「オペラ座周辺」参照。

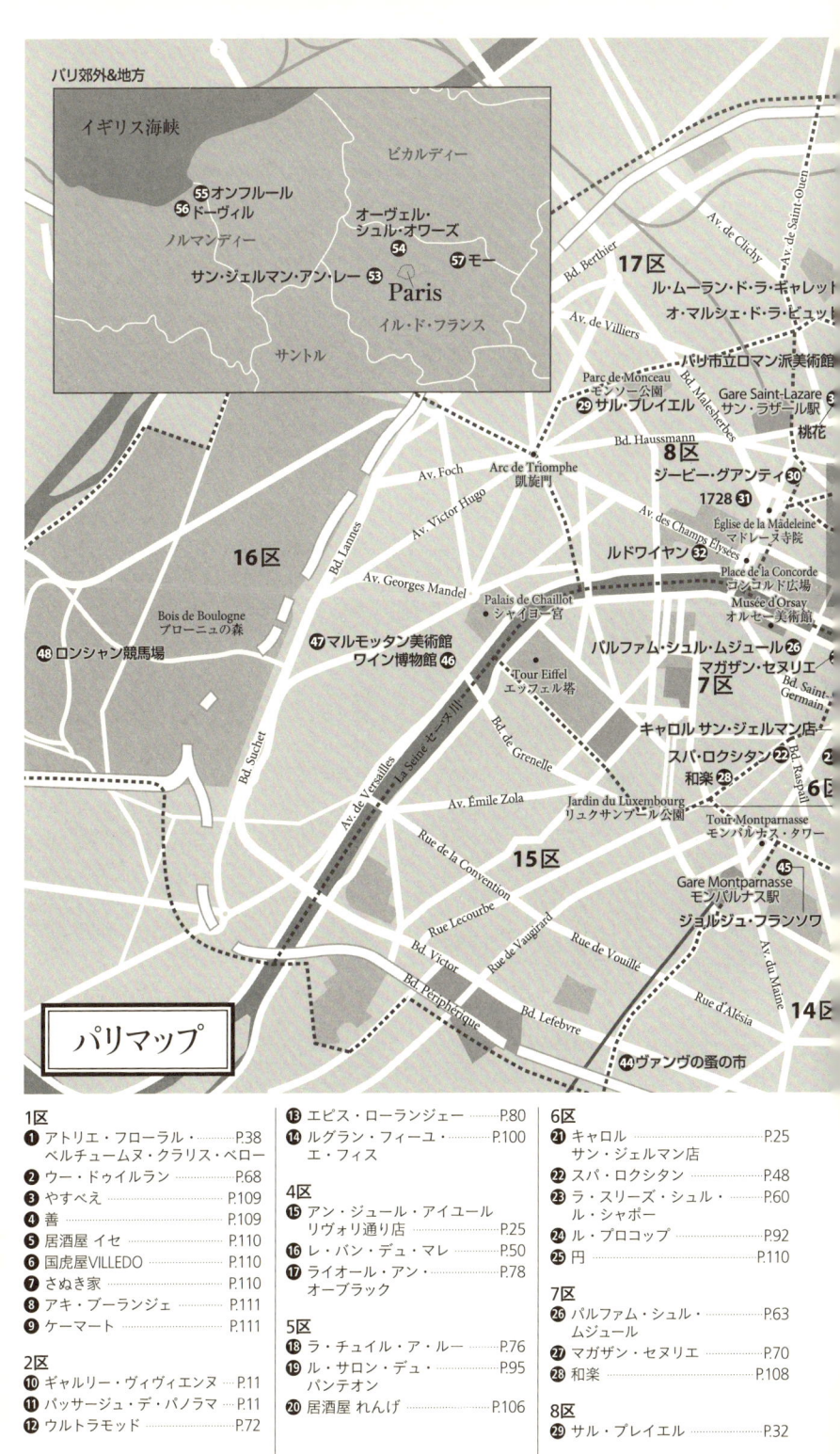

パリマップ

Map labels

- パリ郊外&地方
- イギリス海峡
- ピカルディー
- ❺❺ オンフルール
- ❺❻ ドーヴィル
- ノルマンディー
- オーヴェル・シュル・オワーズ ❺❹
- ❺❼ モー
- サン・ジェルマン・アン・レー ❺❸
- Paris
- イル・ド・フランス
- サントル
- Av. de Clichy
- Av. de Saint-Ouen
- Bd. Berthier
- **17区**
- ル・ムーラン・ド・ラ・ギャレット
- オ・マルシェ・ド・ラ・ビュット
- Av. de Villiers
- パリ市立ロマン派美術館
- Parc de Monceau モンソー公園
- ❷❾ サル・プレイエル
- Bd. Malesherbes
- Gare Saint-Lazare サン・ラザール駅
- 桃花
- Bd. Haussmann
- **8区**
- ジービー・グアンティ ❸⓪
- 1728 ❸❶
- Arc de Triomphe 凱旋門
- Av. Foch
- Église de la Madeleine マドレーヌ寺院
- Av. des Champs Élysées
- ルドワイヤン ❸❷
- Av. Victor Hugo
- **16区**
- Bd. Lannes
- Av. Georges Mandel
- Palais de Chaillot シャイヨー宮
- Place de la Concorde コンコルド広場
- Musée d'Orsay オルセー美術館
- Bois de Boulogne ブローニュの森
- ❹❼ マルモッタン美術館
- ワイン博物館 ❹❻
- Tour Eiffel エッフェル塔
- パルファム・シュル・ムジュール ❷❻
- マガザン・セヌリエ
- **7区**
- Bd. Saint-Germain
- ❹❽ ロンシャン競馬場
- Bd. Suchet
- Av. de Versailles
- La Seine セーヌ川
- Bd. de Grenelle
- キャロル サン・ジェルマン店
- スパ・ロクシタン ❷❷
- Bd. Raspail
- **6区**
- 和楽 ❷❽
- Av. Émile Zola
- Jardin du Luxembourg リュクサンブール公園
- Tour Montparnasse モンパルナス・タワー
- **15区**
- Rue de la Convention
- Rue Lecourbe
- Gare Montparnasse モンパルナス駅 ❹❺
- Rue de Vaugirard
- Rue de Vouillé
- ジョルジュ・フランソワ
- Bd. Victor
- Av. du Maine
- Bd. Périphérique
- Bd. Lefebvre
- Rue d'Alésia
- ❹❹ ヴァンヴの蚤の市
- **14区**

1区
- ❶ アトリエ・フローラル・ベルチュームヌ・クラリス・ベロー ……… P.38
- ❷ ウー・ドゥイルラン ……… P.68
- ❸ やすべえ ……… P.109
- ❹ 善 ……… P.109
- ❺ 居酒屋 イセ ……… P.110
- ❻ 国虎屋 VILLEDO ……… P.110
- ❼ さぬき家 ……… P.110
- ❽ アキ・ブーランジェ ……… P.111
- ❾ ケーマート ……… P.111

2区
- ❿ ギャラリー・ヴィヴィエンヌ ……… P.11
- ⓫ パッサージュ・デ・パノラマ ……… P.11
- ⓬ ウルトラモッド ……… P.72
- ⓭ エピス・ローランジェー ……… P.80
- ⓮ ルグラン・フィーユ・エ・フィス ……… P.100

4区
- ⓯ アン・ジュール・アイユール リヴォリ通り店 ……… P.25
- ⓰ レ・バン・デュ・マレ ……… P.50
- ⓱ ライオール・アン・オーブラック ……… P.78

5区
- ⓲ ラ・チュイル・ア・ルー ……… P.76
- ⓳ ル・サロン・デュ・パンテオン ……… P.95
- ⓴ 居酒屋 れんげ ……… P.106

6区
- ㉑ キャロル サン・ジェルマン店 ……… P.25
- ㉒ スパ・ロクシタン ……… P.48
- ㉓ ラ・スリーズ・シュル・ル・シャポー ……… P.60
- ㉔ ル・プロコップ ……… P.92
- ㉕ 円 ……… P.110

7区
- ㉖ パルファム・シュル・ムジュール ……… P.63
- ㉗ マガザン・セヌリエ ……… P.70
- ㉘ 和楽 ……… P.108

8区
- ㉙ サル・プレイエル ……… P.32

インデックス（あいうえお順）

アドレス名(日本語)	アドレス名 (フランス語)	区	ジャンル	掲載ページ	P.140-141 パリマップ 番号
アキ・ブーランジェ	Aki Boulanger	1区	パン屋	P.111	❽
アトリエ・フローラル・ ベルチューム・ クラリス・ベロー	Atelier Floral Vertumne Clarisse Béraud	1区	フラワー ショップ	P.38-40	❶
アリーグル市場	Marché d'Aligre	12区	市場(マルシェ)	P.14-16	㊷
ア・レトワール・ドール	A L'ÉTOILE D'OR	9区	菓子店	P.74-75	㉟
アン・ジュール・アイユール リヴォリ通り店	Un Jour Ailleurs	4区	ブティック	P.25	⓯
居酒屋 イセ	Izakaya Issé	1区	居酒屋	P.110	❺
居酒屋 れんげ	Léngué Izakaya	5区	居酒屋	P.106-107	⓴
ヴァンヴの蚤の市	Le Marché aux Puces de Vanves	14区	蚤の市	P.20-21	㊹
ウー・ドゥイルラン	E. Dehillerin	1区	調理器具専門店	P.68-69	❷
ウルトラモッド	Ultramod	2区	手芸材料専門店	P.72-73	⓬
エピス・ローランジェー	EPICES RŒLLINGER	2区	スパイス専門店	P.80-81	⓭
円	Yen	6区	蕎麦屋	P.110	㉕
オーヴェル・シュル・ オワーズ	Auvers-sur-Oise	パリ郊外	ゴッホの村	P.118-120	㊴
オペラ・ガルニエ宮	Opéra Palais Garnier	9区	歌劇場	P.28-31	㉝
オ・マルシェ・ド・ ラ・ビュット	Au Marché de la Butte	18区	食料品店	P.19	㊿
オ・ラパン・アジル	Au Lapin Agile	18区	シャンソニエ	P.19	㊲
オンフルール	Honfleur	ノルマン ディー	海辺の町	P.121-123	㊺
ギャルリー・ヴィヴィエンヌ	Galerie Vivienne	2区	パッサージュ	P.11-13	❿
キャロル　サン・ジェルマン店	Caroll	6区	ブティック	P.25	㉑
国虎屋 VILLEDO	Kunitoraya VILLEDO	1区	うどん屋	P.110	❻
ケーマート	K-mart	1区	スーパー マーケット	P.111	❾
さぬき家	Sanukiya	1区	うどん屋	P.110	❼
サル・プレイエル	Salle Pleyel	8区	コンサート・ ホール	P.32-34	㉙
サン・ジェルマン・アン・レー	Saint-Germain -en-Laye	パリ郊外	城がある街	P.115-117	㊳
サン・ジェルマン・ アン・レー観光局 (ドビュッシー記念館)	Office de Tourisme de Saint-Germain-en-Laye	パリ郊外	観光局・記念館	P.115-117	●
ジービー・グアンティ	JB Guanti	8区	革手袋専門店	P.66-67	㉚
ジョルジュ・フランソワ	Georges François	14区	フラワー ショップ	P.38-40	㊺
スパ・ロクシタン	Spa L'OCCITANE	6区	スパ	P.48-49	㉒
ゼルダ・カフェ	Zerda Café	10区	クスクス料理 レストラン	P.102-103	㊳
善	Zen	1区	日本料理店	P.109	❹
ドーヴィル	Deauville	ノルマン ディー	海辺の町	P.121-123	㊶
中川2号店	Nakagawa	11区	日本料理店	P.109	㊶
パッサージュ・デ・パノラマ	Passage des Panoramas	2区	パッサージュ	P.11-13	⓫

142

アドレス名(日本語)	アドレス名(フランス語)	区	ジャンル	掲載ページ	P.140-141 パリマップ番号
バトビュス	Batobus	セーヌ川沿い8か所	遊覧船	P.8-10	●
パリ市立ロマン派美術館	Musée de la Vie Romantique	9区	美術館	P.46-47	❸❹
パルファム・シュル・ムジュール	Parfum sur Mesure	7区	オーダーメイドの香水店	P.63-65	❷❻
ホテル・パヴィヨン・アンリ・キャトル	Hôtel Pavillon Henri IV	パリ郊外	ホテル	P.115-117	●
マガザン・セヌリエ	Magasin Sennelier	7区	画材道具店	P.70-71	❷❼
マルモッタン美術館	Musée Marmottan Monet	16区	美術館	P.44-45	❹❼
ミル・セットソン・ヴァント・ユイット	1728	8区	レストラン	P.86-88	❸❶
モー	Meaux	パリ郊外	小さな村	P.124-125	❺❼
桃花	Momoka	9区	日本料理店	P.109	❸❻
モーリス・ドニ美術館	Musée Départemental Maurice Denis	パリ郊外	美術館	P.115-117	●
モンマルトルバス	Montmartrobus	18区	バス	P.17-19	●
やすべえ	Yasube	1区	日本料理店	P.109	❸
ライオール・アン・オーブラック	Laguiole en Aubrac	4区	刃物店	P.78-79	❶❼
ラ・グレネトリ・デュ・マルシェ	La Graineterie du Marché	12区	穀物店	P.14-16	❹❸
ラ・スリーズ・シュル・ル・シャポー	La Cerise sur le Chapeau	6区	セミオーダーの帽子店	P.60-62	❷❸
ラ・チュイル・ア・ルー	La Tuile à Loup	5区	伝統工芸品店	P.76-77	❶❽
ラ・フェルム・サン・シメオン	La Ferme Saint-Siméon	ノルマンディー	ホテル	P.121-123	●
ラ・ブティック・デ・ザンジュ	La Boutique des Anges	18区	土産店	P.19	❹❾
ルグラン・フィーユ・エ・フィス	Legrand Filles et Fils	2区	ワイン・バー	P.100-101	❶❹
ル・サロン・デュ・パンテオン	Le Salon du Panthéon	5区	サロン・ド・テ	P.95-97	❶❾
ル・サンカント	Le Cinquante	10区	歌声喫茶	P.35-37	❸❼
ル・ソリレス	Le Sot l'y Laisse	11区	レストラン	P.98-99	❹❶
ルドワイヤン	Ledoyen	8区	レストラン	P.89-91	❸❷
ル・プチ・カンボッジ	Le Petit Cambodge	10区	カンボジア料理レストラン	P.104-105	❸❾
ル・プロコップ	Le Procope	6区	文学カフェ	P.92-94	❷❹
ル・ムーラン・ド・ラ・ギャレット	Le Moulin de la Galette	18区	レストラン	P.19	❺❶
レ・バン・デュ・マレ	Les Bains du Marais	4区	ハマム	P.50-52	❶❻
ロンシャン競馬場	Hippodrome de Longchamp	16区	競馬場	P.53-55	❹❽
ワイン博物館	Le Musée du Vin Paris	16区	博物館	P.41-43	❹❻
和楽	Waraku	7区	和サロン・ド・テ	P.108	❷❽

PRESS PARIS
プレス・パリ

パリをテーマにしたメディア・チーム。パリを知り尽くしたメンバー達が、トレンドに迎合することなく、ディープなパリを提案。ウェブ・サイト "PRESS PARIS" では、パリの最新情報や、東京で体験できるパリ情報を紹介。著書に『ファッショニスタと歩くパリガイド』、『東京のパリ案内』(六耀社)、『親子のためのパリ案内』(六耀社) がある。

http://www.pressparis.com/

パリ・スタッフがサポートします

・パリ在住の日本人ガイドをご紹介します
・空港からの交通をサポートします
・ショッピングや食事をサポートします

[お問い合わせ] プレス・パリ 旅行サポート係
TEL:090-3900-8290
pressparis@waltz.ocn.ne.jp

パリジェンヌ流人生の楽しみ方を学ぶ旅2

両親に見せたいとっておきのパリ案内
Guide touristique de Paris «Ce que je veux montrer à mes parents»

旅のガイドはパリ好きな私
Le guide de mes parents, c'est moi! J'aime Paris.

著者:プレス・パリ
Auteur : PRESS PARIS

編集長:小高一絵
Rédactrice en chef : Kazue ODAKA

編集:竹内和司／天野裕子
Rédacteur : Kazushi TAKEUCHI
Rédactrice : Yuko AMANO

ライター:宮方由佳／横島朋子／モワソン久恵
Journalistes : Yuka MIYAKATA
　　　　　　　Tomoko YOKOSHIMA
　　　　　　　Hisae MOISSON

チーフ・カメラマン:井田純代
Photographe en chef : Sumiyo IDA

文化監修:畠山奈保美
Directrice culturelle : Naomi B Sauvage HATAKEYAMA

カメラマン:井上実香／ローラン・ビショー
Photographes : Mika INOUE / Laurent BICHAUD

アート・ディレクター:武藤留衣
Directeur artistique : Rui MUTO

デザイナー:鎌田僚
Graphiste : Ryo KAMADA

地図製作:ワークスプレス 株式会社
Réalisation des cartes : WORKS-PRESS CO.,LTD.

校正・校閲:株式会社 鴎来堂
Correction : Ouraidou Inc.

発行日　2012年11月27日
発行者　藤井一比古
発行所　株式会社 六耀社
　　　　〒160-0022 東京都新宿区新宿2-19-12　静岡銀行ビル5F
　　　　TEL.03-3354-4020　FAX.03-3352-3106
振替　　00120-5-58856
印刷・製本　アベイズム 株式会社

©2012 PRESS PARIS
©2012 Rikuyosha Co.,Ltd.
Printed in Japan
ISBN 978-4-89737-720-9

無断掲載・複写を禁じます。
http://www.rikuyosha.co.jp/
この本へのご意見、ご感想などは、弊社ホームページまでお寄せください。